W0078278

dtv

Sina Trinkwalder

HEIMAT MUSS MAN SELBER MACHEN

Wie wir gemeinsam eine
lebenswerte Gesellschaft schaffen

Ausführliche Informationen über
unsere Autoren und Bücher
www.dtv.de

Dieses Buch ist auch als eBook erhältlich.

© 2020 dtv Verlagsgesellschaft mbH & Co. KG, München
Das Werk ist urheberrechtlich geschützt.
Jede Verwertung ist nur mit Zustimmung des Verlags zulässig.
Das gilt insbesondere für Vervielfältigungen, Übersetzungen
und die Einspeicherung und Verarbeitung in elektronischen Systemen.
Für Inhalte von Webseiten Dritter, auf die in diesem Werk verwiesen
wird, ist stets der jeweilige Anbieter oder Betreiber verantwortlich,
wir übernehmen dafür keine Gewähr. Rechtswidrige Inhalte
waren zum Zeitpunkt der Verlinkungen nicht erkennbar.
Redaktion: Rüdiger Dammann
Satz: C.H.Beck.Media.Solutions, Nördlingen
Gesetzt aus der Minion
Druck und Bindung: Druckerei C.H.Beck, Nördlingen
Printed in Germany · ISBN 978-3-423-28228-4

INHALT

Für alle, die die Heimat schätzen.

»Wer den Zustand der Welt, in der
wir leben, nicht sieht, hat schwerlich
etwas über sie zu sagen.«

Elias Canetti. Der Beruf des Dichters, 1976

HEIMAT MUSS MAN
SELBER MACHEN

Zehn Jahre. 120 Monate. Dreitausendsechshundertundeinpaarzerquetschte Tage. Ein Viertel meines Lebens, die Hälfte meines unternehmerischen Daseins. Das ist in unserem schnelllebigen Alltag eine verdammt lange Zeit. Für etwas, von dem
niemand glaubte, dass es in der heutigen leistungsorientierten
Wirtschaftswelt, die rigoros regiert wird von Rotstift-Control-
lern und Schwarznull-Fetischisten, existieren, geschweige denn
funktionieren könnte.

Ich war die Ausnahme.

Ich glaubte immer schon daran, dass Wirtschaft für den
Menschen da ist. Und nicht umgekehrt. Ebenso daran, dass
Kapitalismus in seiner ursprünglichen Form jedem Einzelnen
einen Vorteil bringen muss und nicht nur wenige begüns-
tigen darf. Ich glaubte, dass es in unserem Land Menschen
zwar unterschiedlich gut, dass es aber niemandem schlecht
gehen darf. Dies alles glaubte ich und war damit, nicht nur
unter meinen Unternehmerkollegen, ziemlich allein. Trotzdem brachten mich weder Zweifel der engsten Freunde
noch ernsthaft gehegte Sorgen bezüglich meiner geisti-
gen Gesundheit von Menschen, die es gut mit mir meinten, davon ab, für sie Unvorstellbares zu starten. Ich war
mir sicher, wenn ich es mir vorstellen konnte, würde es
auch gehen. »Wenn ich es denken kann, kann ich es machen«, war und ist mein Motto, das dem Walt Disneys sehr

ähnelt. Er nämlich war der Ansicht: »If you can dream it, you can do it.«

Fehlende Chancengerechtigkeit, verwehrte Zugänge zu Bildung und zu Berufen, die Diskriminierung von vermeintlich Schwächeren – all die Missstände in unserer Gesellschaft waren mir eine eindrückliche Aufforderung zum Handeln. Nur reichten sie, wie bei vielen von uns, allein nicht aus, um aus dem Wunsch nach Veränderung auch ernsthaft etwas zu tun. Dazu brauchte es mehr als gegenwärtige Probleme, die mich selbst nicht betrafen. Erst verschiedene Begegnungen mit Menschen halfen mir, die Kraft zu entwickeln, die es braucht, um das eigene Leben und Wirken auf links zu krempeln. Allen voran das Zusammentreffen mit einem Obdachlosen am Wuppertaler Hauptbahnhof. In kürzester Zeit und mit wenigen Worten zeigte er mir eindrücklich auf, dass unsere Gesellschaft, von der ich, du, wir alle ein Teil sind, ziemlich am Ende ist.

Ich kam damals gerade von einem Kundentermin und hatte ordentlich Übergepäck dabei: einen Stapel Belegexemplare, Hochglanzzeitschriften. Kurzerhand warf ich einen Teil davon in den Abfall. Er hatte mich beobachtet, die Sachen sofort aus dem Mülleimer entnommen und sorgfältig in seiner Tasche verstaut. Meine Neugier veranlasste mich, ihm den Rest der Magazine anzubieten, die er dankbar nahm und mir, ganz kurz, beiläufig erklärte, dass er obdachlos sei, zusammen mit seiner Frau »umme Ecke« am Bahnhof wohnen würde und aus den gesammelten Magazinen Weihnachtsschmuck für deren kargen Nächtigungsplatz basteln wolle. Die darin liegende Erkenntnis, dass es in unserem reichen Land Menschen gibt, die ihr nicht vorhandenes Zuhause mit dem schmücken, was andere achtlos wegwerfen, ließ mich tiefe Scham empfinden und den Mut reifen, endlich auszusteigen aus meinem persönlichen Hamsterrad. Es war der Moment, in dem ich für mich entschied, nicht mehr erfolgreich sein zu wollen, sondern wertvoll. Für die Gesellschaft, in der ich ebenso lebte wie er, der Obdachlose.

Die Gier der Reichen und Starken lässt immer mehr Schwächere auf der Strecke, nicht nur irgendwo in Afrika oder Südostasien, sondern auch hier, vor unserer eigenen Haustür. Wie den Mann am Wuppertaler Hauptbahnhof. Was in der Wirtschaft längst Usus ist, schlägt sich mit einer kleinen zeitlichen Verzögerung auch auf die Gesellschaft durch: Ökonomischer Erfolg und damit verbunden ein Leben in finanzieller Unabhängigkeit bleibt immer weniger Menschen vorbehalten. Die Idee, wie sie Adam Smith, Begründer der klassischen Nationalökonomie, formulierte, dass wir durch das Verfolgen individueller Interessen auch den Nutzen der Gemeinschaft mehren, ist längst abgelöst. Was in den jungen Jahren der sozialen Marktwirtschaft aufgrund echten Wirtschaftswachstums und durch einen starken Staat gelang, war das klare Bekenntnis aller zum Kapitalismus. Schließlich brachte diese Form jedem Einzelnen eine Verbesserung seiner persönlichen Lebensumstände. Heute jedoch ist die Situation eine andere geworden: Immer weniger werden durch weniger Arbeit reicher, während immer mehr durch mehr Arbeit ärmer werden. Den Ursprung dieser ungerechten Formel finden wir in der Zeit, in der großzügige Steuervorteile für Vermögende geschaffen wurden und ihr Geld die uneingeschränkte Arbeitserlaubnis bekam. Ihren Beginn hat die Entwicklung in den 1970ern, als der Goldpreis vom Dollar entkoppelt und mit dieser Entscheidung die Finanzwirtschaft aus den Angeln gehoben wurde. Eine wirtschaftliche Parallelwelt entstand, und den realen Gütern stand eine stetig wachsende virtuelle Geldmenge gegenüber. Hinzu gesellte sich die konstant voranschreitende Globalisierung, die zunächst ebenfalls von vielen Menschen auf unserer Erde mit einem klaren »Ja« zum weltweiten Kapitalismus begrüßt wurde. Nun aber scheinen Mittel und Möglichkeiten ausgereizt, und die herkömmlichen Mechanismen funktionieren nicht mehr. Während immer weniger Menschen vom derzeitigen Kapitalismus partizipieren, mehren sich die Stimmen derer, die ihn verändern möchten. Manche treten sogar für seine Abschaffung ein.

Nun kann man die nach wie vor wachsenden Missstände hinnehmen, darüber lamentieren, jammern oder sie schweigend akzeptieren und weitermachen wie bisher. Dies alles geht, solange es die eigene Existenz nicht bedroht. Mein Großvater sagte einmal: »Weil Menschen seit Jahrzehnten keine Not erlitten, jammern sie. In Not wird nicht gejammert, in der Not hilft man einander.« Sieht man genauer hin, finden sich in der breiten, schweigenden Masse auch Menschen, die ernsthaft zu jammern und wirklich Hilfe notwendig hätten. Durch Schweigen in einer schweigenden Masse fällt nur niemand auf.

Viele der Betroffenen, das lehrten mich dreitausendsechshundertundeinpaarzerquetschte Tage mit ihnen, nehmen ihre desolate Situation nicht freiwillig hin. Sie haben schlichtweg keine Kraft mehr nach jahrelanger Ausbeutung als Zeitarbeiter und Tagelöhner, zermürbt durch andauernde Existenzängste ob explodierender Mieten und ausgelaugt durch nervenaufreibende Kämpfe mit Jobcentern und Arbeitsämtern. Das Schlimmste jedoch ist die soziale Ächtung: Wer nicht leisten kann, gehört nicht zur Leistungsgesellschaft. Aber gerade wie eine Gesellschaft mit den Schwächsten umgeht, widerspiegelt ihren Zustand. Alte, Kranke, Gehandicapte und Schwache: Wir sperren sie weg und grenzen sie aus. Schwach, einsam und erschöpft startet niemand eine Revolution. Das wissen die Nutznießer dieses Systems und machen munter weiter.

Um daran etwas zu verändern, braucht es also die Menschen, die seit Jahren außerhalb gesellschaftlicher Normen agieren wie auch jene vom Rande der Gesellschaft, die noch Kraft haben. Ebenso die wenigen innerhalb, die Anstand, Mitgefühl und Empathie über die persönliche Gier stellen. Sie können die Ärmel hochkrempeln, den oft bemühten Hintern zusammenkneifen und dagegen etwas unternehmen. Schließlich kann jede Struktur, die von Menschen kreiert wurde, auch von ihnen umgestaltet werden. Wir dürfen allerdings nicht erwarten, dass die Initiative hierzu ausgerechnet von jenen ausgeht, die vom System profitieren. Niemand schneidet sich gern ins eigene Fleisch.

Intuition und Energie taten sich nach der Begegnung zwischen dem obdachlosen Herrn und mir zusammen und bereiteten das neue Feld, welches bestellt werden wollte: Ich hatte immer schon Kraft für zwei und im vorhergehenden Leben als Inhaberin einer Werbeagentur zumindest nichts maßgeblich verschlechtert. Hinzu kam mein Bauch. Vom ersten Gedanken an hatte ich dieses für mich typische kribbelnde Gefühl im Magen. Es verrät mir stets, dass klappen kann, was ich vorhabe. Nun ist ein Kribbeln in der Magengegend wohl für die wenigsten Menschen Grund genug, einen erfolgreichen Job an den Nagel zu hängen und die gesamte persönliche – materielle – Existenz für etwas aufs Spiel zu setzen, was alle sogenannten Experten schlichtweg eine Schnapsidee genannt hätten: für die Gründung eines mittelständischen Produktionsbetriebs. Mitten in Deutschland. Am Ende der Finanzkrise. In der Textilbranche, die seit Jahren in Mitteleuropa als nahezu ausgestorben gilt. Und, als wäre das nicht Herausforderung genug, ausschließlich mit Menschen, die auf dem ersten, zweiten und selbst dritten Arbeitsmarkt keine Chance auf eine dauerhafte Einstellung hatten – aufgrund ihres Alters, ihrer Herkunft, ihrer Behinderungen, ihrer Macken und Liebenswürdigkeiten. Schließlich waren und sind sie der Grund, weshalb ich das Vorhaben überhaupt gestartet habe.

Wir alle wünschen uns ein gutes Leben. Das gelingt nur, wenn wir das Leben selbst und seine Rahmenbedingungen so gestalten, dass niemand fürchten muss, es nicht bis zum Ende durchziehen zu können. Jeder Einzelne von uns verdient folglich eine Chance, seinen eigenen Unterhalt zu erwirtschaften und dadurch an unserer Gesellschaft teilzuhaben. Wenn der bestehende Arbeitsmarkt schlecht für Menschen ist, die anders sind, die sich nicht nahtlos einfügen lassen, muss er geradegebogen werden. Wenn die herkömmlichen Arbeitgeber nicht bereit sind, ihre Einstellungspraxis zu überdenken und zu ändern, braucht es einfach einen neuen Arbeitgebertypus: eine Firma, die das Ziel hat, menschlichen Gewinn zu maximieren, nicht den monetären. Eine Unternehmung, die Menschen eine Chance gibt, die als nicht »markttauglich« abgestempelt wurden und sich selbst bereits aufgegeben haben. Ich gründete eine Chancengesellschaft. Sie heißt *manomama*.

Woran ich einst glaubte, ist heute zu Wissen geworden, denn mit *manomama* ist der Beweis erbracht. Aus Annahmen wurden Fakten: Dass Wirtschaft für Menschen und nicht der Mensch für die Wirtschaft da ist. Dass der Kapitalismus ist, wie wir ihn gestalten und zulassen, dass er gestaltet wird.

Nicht zuletzt, dass für jeden Einzelnen Platz in der Wirtschaft ist, mittels dessen er auch einen Platz in der Gesellschaft einnehmen kann. Erwerbstätigkeit hat in einer Leistungsgesellschaft einen hohen, zuweilen zu prominenten Stellenwert. Bei aller Diskussion wird jedoch ein wichtiger Aspekt oft vergessen: Arbeit schafft soziale Teilhabe, und niemandem darf diese Partizipation verwehrt werden.

Was im Nachhinein geradezu einfach klingt, war es nicht und ist es nicht. Es ist eine tägliche Herausforderung, absolut unabhängig von Banken und wirtschaftspolitischen Fördermitteln tragfähig zu wirtschaften und gleichzeitig den Ladies und Gentlemen bei *manomama* die größtmöglichen Freiheiten einzuräumen. Nicht weniger schwierig ist es, die Menschen, die zu *manomama* gehören, unter einen Hut zu bekommen und immer wieder das richtige Fingerspitzengefühl zu entwickeln, um ein gutes Maß zwischen individueller Fairness und gemeinschaftlicher Gerechtigkeit zu finden. Es kostet unglaublich Kraft, Tag für Tag, es erfordert ein erhebliches Durchhaltevermögen und enormen Fleiß. Mutige Ideen entfalten sich erst in der Ausdauer ihrer Ausführung.

Jetzt, nach zehn Jahren, werden wir sogar von der »echten« Wirtschaft ernst genommen. Ich erinnere mich sehr gern an die Worte eines mir gut bekannten Steuerberaters, der mich vor einigen Jahren nach längerer Funkstille spontan besuchte. »Rein interessehalber«, wie er sagte. Ich führte ihn durch unsere heiligen Hallen, die mitten in der Stadt gelegen sind, und erzählte ihm von Handicaps und Wunscharbeitszeiten, größtmöglicher Flexibilität, Sozialboni, Firmenbiergarten, hundertprozentiger Eigenkapitalquote – kurz, das, was diese Wirtschaftsmenschen an Kennzahlen nach meiner Vorstellung so gerne hören wollen. Irgendwann blieb er mitten in

Halle 3, in der genäht wird, und zufällig vor meiner langjährigen Kollegin Irene stehen und sah sich um. Irene nahm Notiz von uns, blickte zu uns, lächelte und sagte frei heraus: »Ja, unsere Sina ist eine gute Unternehmerin.« Oh je, dachte ich, das klang geradezu wie »bestellt«, und es war mir peinlich. Ich hoffte, die lieben Worte von Irene wären im Grundrauschen der Maschinen untergegangen. Waren sie aber nicht, denn mein Gast drehte sich direkt zu Irene.

»Wie heißen sie?«

»Irene.«

»Irene, verzeihen Sie, wenn ich Sie korrigieren muss. Sina ist keine gute Unternehmerin!«

Perplex legte ich meinen Kopf zur Seite und sah ihn mit zusammengezogenen Augenbrauen an. Das Gesagte war mir noch unangenehmer als die Lobhudelei von Irene – und ebenso peinlich. Auch Irene war überrascht von den Worten meines Gastes, wie ihr offener Mund und die großen Augen verrieten. Sie wollte gerade, so schien es mir, zu meiner Verteidigung ansetzen, als mein Gast seine Ausführungen unbeeindruckt fortsetzte:

»Es mag für Sie nun kompliziert klingen, aber ich darf Ihnen erklären, dass es wirtschaftlicher Humbug ist, ohne Kredite zu arbeiten. Im Einkauf und der klugen Finanzierung verdient man das Geld. Und sehen sie sich diese«, er sah prüfend auf die Uhr an seinem Handgelenk, »vielen freien Maschinen hier um diese Uhrzeit an, da muss ein lückenloser Belegungsplan, am besten im Zweischichtsystem, her. Diese Ineffizienz, Irene, die muss man sich leisten können. Und leisten wollen. Ihre Chefin ist keine gute Unternehmerin. Sie ist eine exzellente!«

In diesem Moment war für mich die höchste Peinlichkeitsstufe erreicht, was man meinem hochroten Kopf wohl auch ansah. Die beiden hingegen begannen zu lachen. Und ich stimmte nach einem kurzen Räuspern aus Verlegenheit mit ein. Bei der anschließenden Tasse Kaffee in der Teeküche fragte er mich, was ich denn nun machen würde.

»Wie, machen?«, wunderte ich mich.

»Naja, du wirst ja wohl nicht dein Leben lang in dieser Näherei versauern, mit diesen Leuten hier, und« – er legte eine bewusste Pause ein – »Taschen nähen. Wirklich nett, deine Ladies, wirklich nett. Aber, ich bitte dich! Du hast es jedem gezeigt. Verkauf das Business hier, ich kann dir da gerne helfen, und ab in die Wirtschaft!«

»Wir sind Wirtschaft!«, unterbrach ich ihn erbost.

»Überleg doch mal, du kannst bei allen anheuern und ihre Probleme lösen. Wer so was wie das hier hochzieht, der kriegt alles gerissen. Und, sei ehrlich, endlich mal wieder ordentliches Geld verdienen macht auch Spaß, oder? Ich hätte da jemanden, der wäre interessiert. Der würde dir deinen Exit echt vergolden. Soll ich mal ein Treffen organisieren?«

»Ich, äh …« Dieses Angebot erwischte mich völlig unvorbereitet. Noch nie hatte ich auch nur einen Gedanken daran verschwendet, Anteile an meiner oder gar gleich meine ganze Firma zu verkaufen. Zugegeben, es kam bereits zweimal vor, dass ich eine Idee samt Konzept verhökerte. Weil ich keine Zeit hatte, sie selbst zu realisieren, und es ja nur eine Idee war. Manchmal fehlt es unternehmungslustigen Leuten schlichtweg an einer Idee, und ideenreichen Menschen wie mir fehlt es oft nur an Zeit. Insofern hatte sich das gut ergänzt. Außerdem konnte ich das Geld gut gebrauchen für meine Projekte. Nun aber wurde ich gefragt, ob ich etwas real Existierendes veräußern möchte. Etwas, worin mein ganzes Herzblut steckte und, wichtiger noch, woran Menschen, viele Menschen, meine Ladies und Gentlemen, beteiligt sind. Ich war völlig durch den Wind und wusste schlichtweg nicht, was ich antworten sollte. Vielleicht konnte ich mich auch nicht schnell genug zwischen »Bist du bescheuert?« und »Hast du noch alle Tassen im Schrank?« entscheiden. Ehe ich den Mund aufbekam, legte er seine Hand auf meine Schulter und sagte:

»Mach dir keinen Stress. Denk einfach darüber nach. Melde dich die Tage, meine Nummer hast du ja. Ich muss jetzt los!« Sagte es, nahm den letzten Schluck aus der Tasse und verließ mich mit zwei flüchtigen Küssen links und rechts der Wangen. Ich hingegen stand eine Weile wie versteinert da. Zum einen, weil mir klar wurde, dass sein Interesse an meiner Näherei überhaupt nicht den Menschen oder zumindest der dahintersteckenden Philosophie galt, sondern schlichtweg dem Unternehmen an sich und der Möglichkeit der Profitsteigerung. Zum anderen jedoch war es die Tatsache, dass ich überhaupt mit dem Verkauf meiner Näherei konfrontiert wurde. Darüber hinaus ärgerte es mich maßlos, dass mir mein Bekannter die Veräußerung von *manomama* deshalb empfahl, damit ich nicht versauere und wieder richtig Business machen kann. Ich rief ihn nicht an. Nicht am nächsten Tag, nicht am darauffolgenden. Bis heute herrscht, was vor unserem Treffen bestand: Funkstille.

Es wäre gelogen, zu behaupten, ich hätte keine Sekunde nachgedacht. Im Gegenteil. Es wurden Stunden, Tage, ja Wochen. Der Gedankenspaziergang wurde nur ein gänzlich anderer, als ich erwartete. Die Entscheidung, *manomama* nicht zu verkaufen, fiel unmittelbar nach der Frage, ganz unterbewusst, rein intuitiv. Auch am nächsten Morgen, nach der obligatorischen Nacht, die ich über diesen Beschluss schlief, änderte sich nichts an ihm. Nun ist ein Firmenverkauf nichts Außergewöhnliches oder gar Anrüchiges. Allein in meinem früheren Freundeskreis befanden sich mehrere sogenannte Serial Entrepreneure. Menschen, die geradezu am Fließband gründen, schnell ein Business, oftmals mit zusätzlichem Fremdkapital, groß machen und gewinnbringend verkaufen. Mich hatte diese Art der Geschäftigkeit stets fasziniert, obgleich es für mich bis heute nichts mit Unternehmertum zu tun hat. Es ist Gründungsbusiness. Das legale Wetten auf die Zukunft. Eine Art Glücksspiel für risikofreudige Gründer und Investoren. Beide haben die Chance auf hohe monetäre Erträge, gehen aber auch das Risiko eines Totalverlusts ein. Und beide spielen mit der Sicherheit von Menschen, denn diese Art der Ökonomie ist zumeist reine Geldwirtschaft, sie hat nicht den Menschen im Blick. Ich war keine dieser Gründernaturen. Ich gehörte nie zu den hippen, coolen, durch Venture-Kapital aufgeblasenen *Foundern*, die als Erstes planen, was jemand wie ich versucht, tunlichst zu vermeiden: den Exit, das möglichst frühe, hoffentlich gut vergoldete Ausscheiden aus der gegründeten Firma durch den Verkauf.

Der Seniorchef eines mittelständischen Metallverarbeitungsbetriebs, der so aussah, wie man sich einen Seniorchef halt so vorstellt, mit etwas zu engem Anzug in gedecktem Blau und dicker, über den Hosenbund hängender Krawatte, einer goldenen Armbanduhr aus den 1970ern am Handgelenk, akkurat rasiert und stattlichen Auftretens, korrigierte einst meine Worte, als ich mich bei einem Vortrag einer Vereinigung für Familienunternehmen vorstellte.

»Ich bin Gründerin und Geschäftsführerin des ersten Social Business der Textilindustrie«, erzählte ich und wurde jäh von einem »Blödsinn!« unterbrochen. Es war der Seniorchef. Das gesamte Auditorium und auch ich blickten auf ihn, der mitten im Saal saß und sich mittlerweile erhoben hatte. Dann verbesserte er mich: »Sie sind kein Gründer eines, wie heißt das, Social Business? Sie sind Unternehmer. Fucking Old Economy! Das braucht es auch!« Und setzte sich. »Unternehmerin«, schallte es aus einer anderen Ecke zum Nachtrag, begleitet von einigen Lachern. Seitdem bin ich Unternehmerin. In der fucking Old Economy. Unternehmer planen langfristig, sie streben keinen kurzfristigen Exit an. Unternehmer gehen nicht in Rente, sie sterben. Und Unternehmer verkaufen keine Menschen, sondern die Produkte und Dienstleistungen, die sie mit ihnen gemeinsam entwickeln und herstellen. Das also schien der Grund für meine prompte, unbewusste Entscheidung gewesen zu sein.

Es ist aber nur die halbe Wahrheit. Denn obwohl ich das Thema für abgehakt hielt, sinnierte ich ununterbrochen weiter. Die Suche nach der Antwort auf das klärende »Warum verkaufst du nicht?« hielt mich in ihrem Bann. Ich musste mir eingestehen, dass meine spontane Ablehnung gar nicht prinzipieller Natur war. Hätte mich derselbe Bekannte nach dem Verkauf einer meiner anderen Firmen gefragt, wäre ein »Lass uns einen Termin machen« oder ein »Lass mich mit den Mitarbeitern reden« herausgekommen. Bei *manomama* war meine Ablehnung kategorisch. Und so ist es bis heute.

Bekanntlich darf man niemals nie sagen, und wahrscheinlich änderte sich meine Einstellung, wäre ich gesundheitlich nicht mehr in der Lage, meine Aufgabe hundertprozentig zu erfüllen. Ich klebe nicht am Sessel und klammere mich an keine Position, und dennoch hänge ich zutiefst an dieser Firma. Nein! An den Menschen. An meinen Ladies und

Gentlemen. Natürlich könnte man hinter dieser Zuneigung eine ordentliche Portion persönliche Eitelkeit vermuten, die schmeichelhafte Annahme, meine Kolleginnen und Kollegen könnten nicht ohne mich. Solche Hybris ist weit verbreitet unter Führungskräften und zeigt sich gern in Äußerungen wie »Ich muss zurück in mein Geschäft, denn ohne mich läuft da nichts!«. Bei *manomama* war und ist aber das exakte Gegenteil der Fall. Von Anbeginn war ich nicht tonangebender Chef. Vom ersten Tag an arbeiteten wir Hand in Hand auf einer Ebene. Natürlich muss ich als Geschäftsführerin am Ende geradestehen und in letzter Instanz verantworten, was wir gemeinschaftlich gestalten. Ich bin es auch, die durchgreifen muss, wenn der eine oder die andere übers Ziel hinausschießen und das gesamte Unternehmen gefährden. Jeder Einzelne von uns jedoch nimmt nach seinen Fähigkeiten und Möglichkeiten Verantwortung wahr, sodass meine Aufgabe letztlich darin besteht, das Spielfeld hinsichtlich gesetzlicher Regeln und ökologischer Richtlinien abzustecken und neue Spielfelder zu entdecken. Wie, wann und in welchen Teams gespielt wird, kurzum, der Spielplan selbst ist in der Verantwortung aller.

Hannelore, eine meiner ältesten Kolleginnen, brachte es gegenüber einem Journalisten einmal sehr trocken auf den Punkt, als sie von ihm gefragt wurde, ob es nicht schwer sei, in einem Unternehmen zu arbeiten, dessen Chefin so viel unterwegs sei. Ihre Antwort: »Ach, ohne Sina funktioniert es bei uns richtig gut«, sagte sie. »Aber mit ihr besser!«, schob sie hinterher. Er erzählte mir anschließend von seiner Unterhaltung mit meiner Kollegin, und ich war stolz. Und bin es nach wie vor, denn diese Worte zeigten mir, dass Realität wurde, was ich mir so sehr wünschte: *manomama* lässt aus vermeintlichen Verlierern der Gesellschaft, die nach jahrelanger Odyssee durch Jobcenter und Erwerbslosigkeit kaum mehr Selbstvertrauen hegten, wieder verantwortungsbewusste Menschen voller Selbstbewusstsein werden. Dies gelingt nicht bei allen. Manche schaffen es selbst nach vielen Jahren kaum, ihr eigenes Leben in den Griff zu bekommen. Dann aber helfen die Kollegen. Jene, die wieder erstarkt sind durch unsere Gemeinschaft. Wie Hannelore.

Vor vielen Jahren stand sie vor mir. Ihre damalige Lebenssituation war mit einem Blick auf ihre äußere Erscheinung einzuordnen: katastrophal. Sie erzählte mir, dass sie sich mit gesammeltem Streuobst, das sie anschließend vor Baumärkten verkaufte, über Wasser hielt. Als selbst diese Arbeit, ihre letzte Chance, Geld zu verdienen, durch professionell organisierte Teams aus dem Osten dem Dumping und Preisverfall unterlag, wurde es schwierig für sie. Eines Tages klingelte sie deshalb an unserer Tür. Ich schickte sie nicht weg, sondern gab ihr, wonach sie fragte. Einen Platz beim Bügeln. Bereits kurze Zeit später kümmerte sie sich eigenständig um den perfekten Zustand der sanitären Räume, half, wo eine helfende Hand gebraucht wurde, und avancierte zur guten Seele. Um den frischen Apfelstrudel, den sie jeden Herbst fast wöchentlich mitbrachte, gab es regelrechte Rangeleien. »Es ist der beste Strudel, den ich jemals gegessen habe«, hatte ich ihr einmal gesagt. Hannelore winkte ab und erklärte lapidar: »Wer so lange mit Äpfeln herumhantiert hat wie ich, wird doch einen Apfelstrudel hinbekommen.« Das Grinsen, das ihr dabei über das Gesicht huschte, verriet jedoch ihre Freude, ihren Stolz, der darauf gründete, wieder wahrgenommen zu werden. Wieder etwas beitragen zu können, gelobt zu werden und Wertschätzung zu erfahren. Heute ist Hannelore in verdienter Rente. Und nach wie vor bei uns. Zwei halbe Tage die Woche lässt sie es sich nicht nehmen, weiterhin Teil von *manomama* zu sein. So lange, sagt sie, bis sie nicht mehr kann.

Wie ihr geht es vielen bei uns. Wie vielen bei uns geht es auch mir. Wenngleich ich oft außer Haus bin, gehöre ich in die Hallen. Selbst wenn meine Ladies aus dem Unternehmen in die Rente ausscheiden, bleiben sie weiterhin da. Kolleginnen, die kündigen, weil man ihnen woanders mehr verspricht, kommen zurück, ohne verachtende Blicke zu ernten, sondern Wiedersehensfreude zu erfahren. Darin lag die Antwort, nach der ich so lange suchte. Ich kann *manomama* nicht veräußern. Es ist der Raum, in dem Würde gedeiht. Es sind die Menschen, die mit mir lernen, die miteinander leben, füreinander einstehen und aufeinander achtgeben.

Es ist Heimat. Die verkauft man nicht.

Heimat hatte ich nie. Nicht einmal das, was man im Allgemeinen mit ihr in Verbindung bringt. Einen Ort der Verwurzelung. Mit dem Sinnbild der Wurzeln habe ich seit jeher mein Problem. Es ist der Teil einer Pflanze, der verborgen für jegliche Wahrnehmung, unterhalb der Grasnarbe, dafür sorgt, dass das Sichtbare sich, fest verankert und versorgt mit Wasser und Mineralien, auf das Gedeihen konzentrieren kann. Blutet der Boden aus, wird er vergiftet oder ist er einfach nur nicht mehr geeignet, kurzum passen Standort und Bedürfnis nicht zusammen für die weitere Entwicklung, bedeutet das das langsame, sichere Absterben der Pflanze. Spätestens dann, wenn die größeren Wurzeln den kleineren das restliche Wasser abgegraben und die letzten Nährstoffe im Humus entzogen haben. Ein Umpflanzen ist in den ersten Jahren bei einem Baum unter großen Risiken und mit viel Erfahrung noch möglich. Je weiter die Zeit voranschreitet, umso schwieriger gestaltet sich das Vorhaben.

Was in der Natur Gesetz ist, gilt auch für uns Menschen. Nicht ohne Grund sprechen wir vom alten Baum, den man nicht versetzt, wenn es darum geht, dass Senioren ihr jahrelanges Zuhause gegen einen Platz im Heim tauschen müssen. Dieses Wurzel-Bild ist mir mit Blick auf Menschen immer schon zu starr und statisch gewesen.

Vielleicht gründet meine Abneigung gegen diese Definition von Heimat auch darin, dass man überhaupt erst einen geeigneten Ort braucht, um dort Wurzeln schlagen zu können. Niemand von uns würde den Bayerischen Wald mit Zitronenbäumchen aufforsten, keiner pflanzte Tannen in die afrikanische Savanne. Für jedes Bäumchen, jeden Strauch laufen wir akribisch unseren Garten ab und suchen ein schönes Plätzchen, eines, wo Sonne, Schatten und Luftzirkulation optimal für die Pflanze sind. Wir Menschen aber werden einfach geboren. An einem Ort, in eine Familie. Zufällig. Keiner prüft vorher die Lage und warnt uns vor möglichen Schattenvorkommnissen oder gar vor Kälte. Das Schicksal hat es in der Hand, wo und in welche Gesellschaft wir auf die Erde geworfen werden. Und der Zufall meint es bekanntlich nicht immer gut. Niemand möchte freiwillig an einem Platz Wurzeln schlagen, wo er sich unwohl fühlt. Wo er, weil er aus der Reihe schlägt und damit aus dem gewohnten Rahmen fällt, nicht willkommen ist. Wo er von Anbeginn spürt, dass nichts gedeihen kann. Weder in ihm noch um ihn herum. Wo er inmitten anderer ist, für die jeder so sein soll wie sie, weil sie befremdlich finden, was und wer ihnen nicht gleicht.

Eine Heimat mit Wurzeln ist eine Monokultur. In ihr lässt sich hervorragend das Besondere, das Eigene pflegen und kultivieren. Gemeinsam hegt und lebt man, was an dem Ort des Verwurzeltseins typisch ist. Man wiegt sich einander in Sicherheit und gibt sich das Gefühl der Zusammengehörigkeit. Man ist von der gleichen Sorte, eben monokulturell. Das beginnt beim Aussehen und führt nicht selten zu uniformähnlicher Kleidung, geht über die Sprache, die in einen gemeinsamen Dialekt mündet, zieht sich durch Verhaltensmuster, die sich in Brauchtum wandeln, und endet zuweilen in der Kulinarik auf dem Teller. Über den eigenen Tellerrand hinauszublicken fällt schwer, denn dort, hinterm Horizont der eigenen Welt, beginnt, was anders spricht, sich ungewohnt verhält und komisch isst. Das Fremde. Was eint, schafft zugleich eine Grenze und teilt. Die Dazugehörigen von den Nicht-Dazugehörigen. Diejenigen, die ankommen, von denen, die immer schon da sind. Und es grenzt ebenso jene aus, die geboren wurden und selbst nie angekommen sind. Sie spült es wurzellos hinaus ins Leben. Wie mich.

Menschen, die jahrelang, womöglich nie eine Wurzel-Heimat hatten, haben den Vorteil, dass sie überall klarkommen und sich an verschiedenen Orten zuhause fühlen können. Wo auch immer ich mich aufhielt, fand ich mich zurecht. Wenn etwa ein Gefühl des Heimwehs in mir aufkam, dann nie, weil ich Sehnsucht nach einem bestimmten Ort hegte. Um derartige Heimatgefühle zu empfinden, muss man schlichtweg eine ausreichend lange Phase an einem Ort gewesen sein, dort gelebt und die Menschen, ihre Art und ihr Brauchtum kennen und schätzen gelernt haben. Es braucht eine gute Zeit, um aus einem Ort und den dort ansässigen Menschen etwas wie Heimat werden zu lassen. Mein Leben sah offenbar nicht vor, mir genügend davon an einem Platz zu schenken, damit aus einem Zuhause auch Heimat werden konnte. Der

Philosoph Ernst Bloch hat Heimat einmal umschrieben als der Ort der Kindheit, in dem noch niemand war. Die erste Phase in unserem Leben also ist die entscheidende, die uns prägt und in uns verankert, was wir später dann, wo auch immer wir uns gerade befinden, als Heimat empfinden werden. Ein Konstrukt aus innerer Verortung und lebendiger Erinnerung, aus Erlerntem und Intuitivem. Vertraut, geborgen und sicher. Dazu braucht es ein stabiles Umfeld in der Phase der Prägung. Wer dies nicht hatte, bleibt heimatlos.

In meiner Kindheit und Jugend ging es alles andere als stabil zu, und das mag erklären, weshalb ich mit dem, was andere Heimat nannten, nie umgehen konnte. Von meinem Geburtsort weiß ich nicht mehr, als dass er sich über die Grenzen des Landes hinaus einen Namen für günstiges Supermarktbier gemacht hatte. Wo ich die ersten zwei, drei Jahre verbrachte, kann ich bis heute nicht einmal genau sagen. Wenn ich es gedanklich rekonstruiere, könnte es sich um eine fränkische Kleinstadt gehandelt haben. Ich war wohl bei meiner Oma, da meine Eltern arbeiten gingen. Erinnerungen daran gibt es nicht viele. Frau Schmidt, die Nachbarin meiner Großmutter, fällt mir ein. Sie blieb mir bis heute im Kopf, da sie uns täglich besuchte, immer gekleidet im gleichen floralen Hausmantel und rosa Puschen mit Puschel. Sie kann regelmäßig morgens, um mit uns zu frühstücken. Ach was, zu dinieren. Während meine Großmutter mir Getreidekaffee und einen Toast mit Leberwurst hinstellte, nahmen die beiden Frauen wie Grandes Dames im Adlon Hotel ihre erste Mahlzeit des Tages ein. Frau Schmidt rollte für gewöhnlich ihre Scheibe Schinken und aß ihn häppchenweise, während meine Großmutter mit abgespreiztem kleinen Finger die pastellfarbene Melitta-Kaffeetasse an ihre spitzen Lippen führte. Sie unterhielten sich gepflegt im Ton und bockernst über die großen Themen der kleinen Arbeitersiedlung. Unzählige Male endete ein Frühstück so: Frau Schmidt nahm, nachdem die dritte oder vierte Scheibe Schinken in Rollenform gemundet hatte, die Semmelhälfte, dick, sehr dick mit Butter beschmiert, und biss herzhaft hinein. Anschließend legte sie das Brötchen wieder auf den Teller. Statt das abgebissene Stück zu kauen, bemühte sie sich, ihr Oberkiefergebiss von der Semmel zu trennen. Der Butterberg auf dem Brötchen hatte augenscheinlich mehr Haftkraft als ihre Creme. Oder sie trug ihre Zähne mal wieder ohne Haftung. Während meine Oma dies stets mit einem gesungenen »Mannala, mannala« begleitete und ich mich vor Lachen kugelte, erhob sich Frau Schmidt, verabschiedete sich staatsmännisch und ging mit erhobenem Haupt und ihrem Gebiss in der Hand in ihre Wohnung zurück, um dasselbige zu reinigen. Es ist eine lustige Erinnerung, sie reicht aber nicht, um daraus Heimat gedeihen zu lassen.

Die darauffolgenden Jahre verbrachte ich dann im selbstgebauten Traumhaus meiner Eltern in einem kleinen Dorf, unweit von Donauwörth, rund vierzig Kilometer entfernt von Oma und Frau Schmidt. Statt fränkisch wurde schwäbisch gesprochen. Ich kann mich an nichts mehr erinnern, außer dass ich ein riesengroßes Kinderzimmer hatte, im Wohnzimmer Rosenspitz-Fliesen in Braun meliert verlegt waren und meine Eltern einmal die gesamte Dorfsiedlung nach mir absuchten und in Panik gerieten, weil sie dachten, ich wäre in eine der vielen Baugruben gefallen, die später zu Häusern werden sollten. Das Rätsel löste sich, denn mangels vieler Nachbarkinder hatte ich lediglich der alten Nachbarin am Ende der Straße einen Besuch abgestattet. Diese verköstigte mich mit Kuchen und Kakao. Weil dieses Getränk deutlich besser schmeckte als Omas ekliger Getreidekaffee, hatte ich die Zeit vergessen und war zur Sorge meiner Eltern zu lange weg gewesen.

Auch in diesem Dorf blieb ich nicht lange genug, um etwas geschehen zu lassen, das in meine Kindheit hätte strahlen können. Timmi, mein einziger Kindergartenfreund und *das* Nachbarskind, konnte mit mir nicht in die erste Klasse gehen, denn er war, soweit ich mich entsinne, ein Jahr jünger. So ging ich jeden Tag allein durch die Siedlung und das Dorf, um an der Bushaltestelle der Bundesstraße in die nächste größere Stadt in die Grundschule zu fahren. Wenige Monate lang. Gerade als ich begann, erste Beziehungen zu neuen Menschen, meinen Klassenkameraden zu knüpfen, stand wieder ein Umzug an. Diesmal ging es 80 Kilometer weiter. Nach Bobingen. Was kaum einer hinbringt, gelang meiner Familie spielend: Selbst innerorts sind wir dreimal in wenigen Jahren umgezogen, und mit jedem Umzug änderten sich die Weggefährten von der Grundschule nach Hause. Das Gymnasium wiederum war in einer anderen Stadt. Und als ich dort – es mag in der neunten oder zehnten Klasse gewesen sein – zum ersten Mal das Gefühl hatte, angekommen zu sein und Menschen Freunde nennen zu können, wurde ich ins Internat geschickt – in eine neue Stadt.

Dann wurde ich achtzehn und damit endet bekanntlich die Jugend. Während meiner Kindheit und Jugend lebte ich also praktisch immer, überspitzt formuliert, aus dem Koffer. An keinem Ort war meine Verweildauer ausreichend, um mit der Umgebung und den Leuten so vertraut zu werden, dass ich mich heimisch fühlte. Auch weil ich denen, die immer schon da waren, fremd war und anders erschien. Und das lag gewiss nicht an den selbstgenähten Karottenhosen in olivfarbenem Tigermuster, die mir meine Mutter nähte. Die waren richtig gut.

Dass ich nie dazugehörte, nirgendwo eine Heimat fand, zeigte sich auch am jeweiligen Umgang, den ich mit Menschen pflegte. Gleich und gleich gesellt sich gern, heißt ein altes Sprichwort. Im Umkehrschluss finden diejenigen, die anders sind, ebenfalls zusammen. Oft gastierten zu meiner Grundschulzeit Zirkusleute und Jahrmarktfamilien in der kleinen Stadt. Ihre Söhne und Töchter besuchten während des Aufenthalts natürlich die Schule. Begleitet von verächtlichen Blicken der Kinder aus gutem Hause setzte die Klassenlehrerin sie zu mir. Mein Nebenplatz war eh immer frei. So verbrachten zwei, die anders waren, zumindest einige Wochen eine gute Zeit. Im Gymnasium ging es so weiter, und das enttäuschte mich. Ich hatte mir einen Neuanfang versprochen. Ich erwartete eine neue Chance. Schließlich war es eine neue Klasse, eine neue Schule, eine neue Stadt. Aber es blieb alles beim Alten, nichts wurde anders. Während sich um die zwei Arzttöchter – es war eine reine Mädchenschule – eine regelrechte Fan-Schar bildete, nahmen sich die drei, die anders waren, ihrer selbst an: ein sehr schüchternes und sanftmütiges Mädchen, die den unpassendsten Namen bekam, den man sich vorstellen konnte, sie hieß »Zorn«, zumindest die Übersetzung ihres Namens; zu ihr gesellten sich das Kind Nr. 10 von der »Asofamilie« und ich, die Eigenwillige mit dem Koffer. Es spielte keine Rolle, ob man hinzugezogen war oder dort geboren: Wer anders ist, bleibt ausgeschlossen.

Irgendwann entschied ich mich dafür, Heimat aus meinem Vokabular zu streichen, weil ich jene, die in ihr Wurzeln geschlagen hatten, ablehnte. Für die andere Art der Heimat fehlte mir die entsprechende Kindheit und Jugend, eben die Zeit, die ihr Entstehen einfordert und die man nicht nachholen kann. Die letzte Variante, die mir bekannt war und die mittlerweile zum Kaffeebecher-Spruch avanciert ist, war mir zu seicht. »Heimat ist kein Ort, sondern ein Gefühl!« Ein Gefühl jedoch ist eine emotionale Reaktion auf Gegebenheiten. Lässt man die Gedanken einige Runden kreisen, landet man wieder bei den schönen Erinnerungen, dem bekannten Ort, den vertrauten Menschen, die einem ähnlich sind.

Wie ich es auch drehte und wendete, es war ein in sich geschlossener Kreislauf, der, je länger ich darüber sinnierte, Kopfweh und Herzschmerz verursachte. Deshalb hakte ich es ab, zog aus und brachte mich selbst auf die Welt. In eine, die ich mir aussuchen konnte. Ich schuf mir eine innere Heimat. Meine Heimat. Es war kein Ort, ich gab mir Raum. In diesem begann ich mich, fernab von gesellschaftlichen Konventionen, Verhaltensmustern, von äußeren, ermahnenden Einflüssen und gutgemeinten Ratschlägen, zu entwickeln. In diesem Raum fing ich an, von mir selbst einzufordern, was ich anderen längst entgegenbrachte: mir mit Respekt entgegenzutreten, mich zu achten, mein Tun zu reflektieren, meinen Geist zu pflegen und meinen Körper respektvoll zu behandeln, unabhängig davon, was andere von mir hielten. Plötzlich war ich nicht mehr die andere mit dem Koffer, die keinen Platz in den herkömmlichen Heimaten finden durfte, alle waren die anderen. Es lag an mir, ihnen Zugang zum Raum zu geben und meine Heimat, die mir Sicherheit und Selbstvertrauen verleiht, mit ihnen zu teilen. Wer Heimat hat, kann Heimat geben.

Das war nicht immer leicht. Jede Gruppe, jeder Mensch musste sich vor »Eintritt« messen lassen an der Qualität meines Alleinseins. Darin liegt eine große Gefahr: Hat man einen »selbstgenügsamen« Zustand in sich etabliert, wird es mit jedem Moment schwieriger, ihn zu ändern, denn das Einzelgängertum ist die perfekte Lebensform, zu halten, was man hat. Wer sich allein auf den Weg durchs Leben macht, muss nicht teilen, nicht nachgeben, keine Kompromisse mit anderen schließen. Er sichert dadurch das Existierende, läuft aber Gefahr, in Stillstand zu verharren. Nur selten wächst man aus eigener Kraft über sich hinaus, echte Meter gewinnt man aber als Teil einer Gemeinschaft. Wenn ich mich auf mein Rennrad schwinge und dreißig Kilometer fahre, benötige ich eine Stunde und komme mit brennenden Waden und ausgelaugt wieder zurück. Begleiten mich bei der abendlichen Runde einige Radfreunde, dann fahren wir Formation. Alle fünf Minuten wechselt der Radler an der Spitze, lässt sich zurückfallen, und der nächste ist verantwortlich für das Tempo. Die restliche Gruppe fährt im jeweiligen Windschatten des Voranradelnden. Jeder Einzelne von uns spart Kraft, und wir sind deutlich schneller, dass sogar noch ein Feierabendbier in die Stunde passt. Gemeinschaft folglich lohnt sich.

Um in Gesellschaft zu sein, müssen wir Einladungen in unseren Raum aussprechen oder gemeinschaftlich einen neuen aus den Angeln heben. Dabei ist wichtig, dass jeder Einzelne eine Chance erhält, denn alle sind zunächst außerhalb des Raums. Dass wir uns darin dann gemeinsam wohlfühlen, das Gefühl der Zufriedenheit empfinden, gelingt uns, wenn wir einander mit Respekt begegnen, uns achten und unser Handeln permanent gegenüber dem Einzelnen wie der Gemeinschaft reflektieren. Vor zehn Jahren habe ich einen solchen Raum gemietet, Einladungen verschickt, und gemeinschaftlich haben wir ihn erfüllt mit Wertschätzung. Es entstand der

Grund, warum es mir unmöglich ist, diese Unternehmung zu verkaufen: Heimat, für mich und meine Ladys und Gentlemen.

Heimat ist nichts, wo man hineingeboren wird oder durch Eintreten und Angleichen partizipiert. Heimat will entwickelt werden. Wenn Mensch und Zeit aufeinandertreffen, entsteht ein Raum. Wenn das Zusammentreffen durch ein respektvolles Miteinander geprägt ist, entsteht der Nährboden für Wachstum. Heimat ist der Raum, in dem Würde gedeiht. Das ist an jedem Ort dieser Welt möglich. Es liegt an uns.

DIE WELT IST VOLLER ...

Es ist eine Weile her, da wurde mir ein Video in den Sozialen Netzwerken empfohlen. Der Titel des kleinen Filmchens: »Die Welt ist voller ...«. »Wunder!«, dachte ich, klickte neugierig darauf, und der Film – ein schlecht aufgenommener Mitschnitt aus den 1990ern mit hundsmiserablem Ton, also etwas, was wir uns heute in der digital verwöhnten Zeit nur dann ansehen, wenn der Inhalt überzeugend scheint, startete. Ich war bereits nach wenigen Sekunden wie gefesselt. Es war der Mitschnitt einer Lesung von Vera Birkenbihl, einer bekannten Managementtrainerin. Mit viel Humor und ohne das obligatorische Chakkachakka und die Pseudoweisheiten heutiger Motivationscoaches sprach sie über den Ansporn von Menschen. Die Aufgabe, die sie zu Beginn des Videos ihren Zuhörern stellte, war die Vervollständigung des Satzes »Die Welt ist voller ...«. Gedanklich hatte ich diesen intuitiv bereits beim Aufruf des Videos ergänzt und erfuhr nun, dass ich mit meiner Wortwahl zu einer mickrigen Minderheit von zwei Prozent gehören würde. Neun von zehn Menschen beendeten die Aussage stattdessen mit »Idioten« oder »Arschlöcher«.

Es folgten dann weitere Ausführungen, wie Menschen animiert werden könnten und, und, und. Mich aber ließ die inhaltliche Ouvertüre des Videos nicht mehr los. Dass ich einer kleinen Minderheit angehörte, die die Welt voller Wunder sah, wunderte mich wiederum nicht. Im Laufe des Lebens lernt man sich selbst kennen und weiß um die Eigenheiten.

Dass jedoch beinahe alle anderen der Meinung waren, die Welt würde ausschließlich von Idioten, Spinnern und Arschlöchern besiedelt, beeindruckte mich. Mehr noch, ich konnte es schlichtweg nicht glauben und beschloss, in der nächsten Zeit jedem Menschen, den ich traf, kurzerhand exakt dieselbe Aufgabe zu stellen wie einst Birkenbihl ihren Zuhörern. Weil ich sehr viel unterwegs bin und mich in unterschiedlichsten Kreisen aufhalten darf, erwartete ich mir ein anderes Ergebnis. Auch, dachte ich, sind mittlerweile zwanzig Jahre seit dem Video und der Untersuchung vergangen. Die Zeit ändert sich und der Mensch ändert sich mit der Zeit. Dachte ich.

Als ich einige Monate später mein kleines Notizbuch zur Hand nahm, das ich immer bei mir führe und in welchem ich begann, fleißig meine Strichliste zu führen, musste ich ziemlich schnell erkennen, dass die einzige Konstante im Wandel wir Menschen sind. Scheinbar wollen wir uns nicht bewegen. Zumindest keinen Zentimeter, wenn es um die Einschätzung unserer Mitmenschen geht. Immer noch, im Jahr 2020, scheint die Welt voller Idioten und Arschlöcher, die inzwischen manchmal auch Honks und DAUs genannt werden. Mit meinem Wunder blieb ich fast allein, aber immerhin fand ich einige Striche bei »Chancen«. Neben der herkömmlichen Liste begann ich zusätzlich, den Satz von Obdachlosen vervollständigen lassen. Durch mein Projekt BRICHBAG, mit welchem ich aus Resten der Markisenindustrie strapazierfähige Rucksäcke fertige und kostenfrei an Wohnungslose auf Deutschlands Straßen verteile, um ihnen zu helfen, ihr Hab und Gut sicher zu verstauen, aber auch aufgrund der Tatsache, dass meine Aufgabe des Lebens unter anderem darin zu liegen scheint, mich für Menschen auf der Straße einzusetzen, treffe ich fast täglich irgendwo irgendjemanden, der ohne Wohnung ist. Diese Liste sah anders aus als die erste. Hier war der *Idiot* weit abgeschlagen, ebenso das *Arschloch*. An erster Stelle stand Undankbarkeit, gefolgt von Ignoranz und Arroganz.

Nun war meine Strichlistenbefragung alles andere als eine wissenschaftliche Erhebung, und dennoch zeigte sie eindeutig, wie unterschiedlich wir Menschen die Welt wahrnehmen. Sind wir Teil der Gesellschaft, stören wir uns an deren Vielfalt, an den vielen anderen, die nicht genauso sind wie wir. Es herrscht Verachtung und Misanthropie. Die Antworten derer, die von außen, ausgeschlossen aus der Gemeinschaft, auf diese Welt blickten, waren frei von solcher Verachtung. Vielmehr kritisierten sie das Verhalten, welches in der Welt vorherrscht oder das ihnen persönlich entgegengebracht wird. Die Ergebnisse, die einst Vera Birkenbihl präsentierte, konnte ich nur dort nahezu identisch bestätigen, wo die Befragten Teilhabe an der Gesellschaft hatten. Es kommt also darauf an, ob man sich innerhalb oder außerhalb der Gesellschaft befindet. Diejenigen, die wie ich mit »Wunder« oder »Chancen« geantwortet haben, waren bemerkenswerterweise allesamt Selbstständige, Unternehmer oder führende Manager in großen Firmen. All die Leute, die große Mehrheit, die die Welt von Idioten und Arschlöchern besiedelt sahen, gehörten zur mittleren wie unteren Schicht. Jene, denen die Teilhabe an unserer Gesellschaft verwehrt wurde, die Obdachlosen, blickten mit ihrer Ergänzung des Satzes nicht als Gesellschaftsmitglied um sich, sondern von außen auf eine Gesellschaft, in der scheinbar nurmehr Ignoranz wie Arroganz herrschen und es an Demut mangelt. Lediglich drei unverbesserliche Sozialromantiker, einer davon war ich selbst, hielten die Wunder hoch. Das Paradoxe: Wir Wundermenschen halten uns oft selbst für den größten Idioten der Welt.

Alle Reaktionen sind, darüber muss nicht lange nachgedacht werden, nachvollziehbar und logisch. Sie sind sogar einfach in Beziehung zu setzen. Die Chancen-Menschen sind sorglos. Sie verfügen über ausreichend Einkommen und haben keine existenziellen Probleme. Sie schreiben ihren Lebensumstand ausschließlich ihrem eigenen Können zu, ihrem Ehrgeiz und ihrem Fleiß. Das verleiht Selbstvertrauen. Sie gehen ihrer Aufgabe nach, die ihnen bei Erfolg weiterhin ihren Status und die Position in der Gesellschaft sichert. Das tägliche Suchen und Finden von Lösungen, die Entwicklung von Neuem und die Gestaltung von Wandel ginge schlichtweg nicht mit einer negativen, angstvollen Grundeinstellung. Würden sie sich dauerhaft von Idioten umgeben sehen, wäre das dem Ziel abträglich.

Einen Satz hatte ich mir nebenbei notiert. Es war die Antwort eines Beamten, des Abteilungsleiters eines Ministeriums. Er ergänzte, sehr zu meiner Verwunderung, den Satz ebenfalls mit Chancen. Es kam für mich unerwartet, weil ich zugegebenermaßen dem allgemeinen Vorurteil gegenüber Beamten etwas aufgesessen war. Ich sagte ihm dies auch und erklärte, dass ich ein »Idioten« erwartet hätte. Er lachte und antwortete: »Auf meiner Ebene gibt es keine Idioten. Die sind alle eine Etage tiefer.« Bis heute bin ich der festen Überzeugung, dass es nicht witzig gemeint war, sondern im Kern schlichtweg ehrlich. Das legt die Annahme nahe, dass viele Chancen-Menschen, die zur Spitze unserer Gesellschaft gehören, all die anderen »unter« ihnen für minderbemittelt halten. Andernfalls, wenn sie denn keine Idioten wären, würden sie sich ja auf derselben Ebene befinden und erfolgreich sein.

In der Mehrheit sehen sich die Menschen jedoch inmitten von Idioten. Und irgendwie zählen sie sich selbst auch dazu. Man muss ja ein Idiot sein, um schlecht bezahlt und ohne Wertschätzung einem Job nachzugehen und höchstwahrscheinlich einen Chancen-Menschen als Vorgesetzten zu haben, der einen wie den letzten Trottel behandelt. Auf die Idee, selbst die Situation zu gestalten und etwas zu verändern, beginnend beim Blickwinkel, kommen die wenigsten. Schließlich scheint das Vorhaben von vornherein erfolglos, bei all den Dummen um einen herum. Folglich wird weiter im Herkömmlichen getrottet, gemotzt und gejammert.

Dieses kleine Ergänzungsspiel lässt tief in unsere Einstellung gegenüber unseren Mitmenschen blicken. Sind wir oben, erachten wir alles unterhalb von uns für dumm, befinden wir uns unterhalb der Spitze, fühlen wir uns umgeben von Idioten. Tief in uns erwuchs im Laufe der Zeit eine grundlegend negative Haltung gegenüber unserer Gesellschaft, die sich in unserem Verhalten und unserer Einstellung zueinander widerspiegelt. So ist Gemeinschaft nicht zu machen. Und Heimat schon gleich gar nicht.

Die Antworten werfen für mich eine grundlegende Frage auf: Braucht der moderne Mensch überhaupt noch die soziale Struktur einer Gesellschaft? Mühen wir uns vergeblich ab, Gemeinschaftlichkeit herzustellen und zu halten? Brauchen wir das in der heutigen Zeit überhaupt noch? Ich erachte diese Fragen für mehr als berechtigt, gerade wenn wir feststellen, dass wir es nicht schaffen, dem Gemeinwohl Wertschätzung entgegenzubringen. Mehr noch, wir missachten es häufig ganz offen, legen in geradezu unbekümmerter Weise menschenverachtendes Verhalten an den Tag und kümmern uns im besten Fall nur um uns selbst. Ist dem Wandel der

Zeit der Sinn und Zweck einer Gemeinschaft zum Opfer gefallen?

Auf den ersten Blick scheint es so, wenn wir uns vor Augen führen, was einmal die ursprünglichen Gründe waren, die dazu führten, dass sich Menschen zu Gruppen zusammenschlossen und Gesellschaften bildeten. Es waren elementare, ja existenzielle Beweggründe, allen voran der Zugang zu Ressourcen. Dieser war zu mehreren schlichtweg einfacher zu realisieren und häufiger von Erfolg gekrönt. Heute jedoch leben wir in einer Welt des maximalen Überflusses. Was auch immer wir wünschen, können wir uns von nahezu jedem Ort der Welt mit Wunschlieferzeit kommen lassen. Wer nun übrigens denkt, der Komfort der Moderne habe erst in den vergangenen Jahren unserer Gesellschaft zugesetzt, mag irren. Was wir heute als Errungenschaft und heißes Geschäftsmodell sehen, gab es bereits vor 50 Jahren. Um uns etwa mit Lebensmitteln zu versorgen, müssen wir heute nicht einmal mehr das Haus verlassen, Sofort-Lieferservice des Lebensmittelhandels sei Dank. Aber solchen Service kannte bereits meine Oma, wenngleich er damals nicht sofort erfolgte. Ein Griff zum orangefarbenen Bakelit-Telefon, die Bestellung aufgegeben, und zwei Tage später brachte Herr Muth, der Inhaber des kleinen Edeka, den Einkauf persönlich vorbei. Über die Jahre hat sich nur die Schnelligkeit geändert. Mehr nicht.

Wir müssen also nicht mehr gemeinsam auf die Jagd gehen oder alle Kräfte bündeln, um das reife Feld abzuernten. Die Industrialisierung und der technologische Fortschritt befreiten uns weitgehend von einem elementaren Zweck einer Gemeinschaft: der Sicherstellung der lebensnotwendigen Grundversorgung. Die gegenseitige Hilfestellung, die eine

Gemeinschaft bot, um sich auf die Bedingungen des jeweiligen Platzes einzustellen, an dem man seine Zelte aufschlug, benötigen wir heute gleichfalls nicht mehr. Längst ist die Menschheit, obgleich mobiler denn je, sesshaft geworden, und für die Wissensweitergabe bietet der Ratgebermarkt zu allen erdenklichen Themen unzählige Bücher. Wir fragen nicht mehr Mutti, wir besuchen »Frag Mutti« im Internet.

Eine weitere Aufgabe war der gemeinschaftliche Schutz des Individuums vor den Gefahren der Außenwelt. Erinnern wir uns und sind ehrlich: Wie soll uns eine Horde Idioten schützen können? Überhaupt ist, so die Entwicklung, für den Schutz des Bürgers seit Gründung von Nationen der jeweilige Staat und dessen verantwortliches Organ, die Polizei, zuständig. Und, nebenbei bemerkt, die modernen Gefahren lauern heute vorwiegend im großen WorldWideWeb. Davor können wir uns am besten selbst schützen.

Der einzige Grund, der möglicherweise noch für den Sinn einer Gemeinschaft zu sprechen scheint, ist die Kräftebündelung. Das Zusammenbringen der Kompetenzen Einzelner zum Wohle aller, die innerhalb einer Gesellschaft Obhut finden. Diese schöne Idee fand ihr Ende, als auch der nicht weniger attraktive Grundgedanke des Kapitalismus, nämlich jedem einen Vorteil und eine Verbesserung der individuellen Situation zu bescheren, uminterpretiert wurde. Seitdem werden die Kräfte aller zu Gunsten weniger gebündelt und damit der eigentliche Zweck einer Gemeinschaft zu Grabe getragen.

Blickt man also auf eine ausentwickelte Industriegesellschaft und betrachtet ihren Zustand, fällt es schwer, Gründe für den Erhalt einer Gesellschaft zu finden, da die ursprünglichen Aufgaben einer Gemeinschaft vom Fortschritt abgelöst wurden. Bei näherer Betrachtung benötigen wir das, wonach wir uns oft sehnen, auch nicht mehr: die klassische Form einer Gemeinschaft, wie wir sie einst vorgefunden hatten. Wir haben uns zivilisatorisch weiterentwickelt. Es wäre falsch, dafür zu kämpfen, dieselbe Form und Funktion einer Gemeinschaft wie vor hundert Jahren wiederherzustellen. Damit würden wir wunderbare Errungenschaften wie die individuelle Freiheit des eigenen Entfaltens und der Selbstbestimmung zu Grabe tragen. Es braucht also durchaus das erneute Erstarken gemeinschaftlicher Werte, die mit unserem heutigen Lebensstil und unserer gesellschaftlichen Struktur vereinbar sind. Wer die Rückkehr zur traditionellen Gemeinschaft von einst fokussiert, ist im Begriff, den Zivilisationsprozess umzukehren. Das kann nur wollen, wer sich im Heute durch moderne Entwicklungen wie etwa die konsequente und notwendige Emanzipation, Ehe für alle, die Gender-Bewegung als Verlierer und Abgehängter fühlt. Klingelts?

Im Vergleich dazu leben indigene Völker, abgeschnitten von der modernen Welt und ihren Vorzügen, bis heute nachweislich in starken Verbünden, weil sie ohne einander schlichtweg nicht überleben könnten. Weil sie den eigentlichen Sinn und Zweck einer Gemeinschaft bis zum heutigen Tag unverfälscht benötigen. Ich habe das selbst vor einigen Jahren in Afrika, speziell im Osten des sich rasant entwickelnden Kontinents, erlebt. Als ich, es war 2015, eine Kooperative von Kleinbauern besuchte, in die einzelnen Dörfer fuhr und verschiedene Stämme kennenlernte, waren das Land und die Menschen, wie ich es mir vorgestellt hatte: Familien blieben an einem Ort zusammen und organisierten ihr Leben und dessen Unterhalt. Alle waren Selbstversorger und den gesamten Tag, der durchschnittlich 14 Stunden hatte, damit beschäftigt, die Felder zu bestellen und die Hütten in Schuss zu halten. Ein Verlassen der Familie, etwa für ein Studium oder einen guten Job in der Stadt, war undenkbar. Wenn ein Einzelner dennoch diesen Schritt tat, dann mit dem eigenen Hintergedanken und in der Hoffnung aller, er komme zurück und bringe Wissen und Ideen für das gesamte Dorf mit.

Bei meinem ersten Aufenthalt in Tansania lernte ich Eric kennen. Er war der beste Freund meines damaligen Guides, der mich durch das Land begleitete, und Sohn eines Massai. Erics Vater ist das Haupt eines Dorfes und er, sein Sohn, der Stellvertreter. Dieses Dorf war in jüngerer Zeit zu einem, für afrikanische Verhältnisse, nicht unerheblichen Wohlstand gekommen, weil man, so erzählte es Eric, »die Touristen schön verarschte«. Wer nun glaubt, ich hätte die Worte des Afrikaners falsch oder flapsig übersetzt, irrt. Es war der Wortlaut, denn Eric sprach fließend meine Sprache, akzentfrei und deutlich versierter als manch ein Jugendlicher meines Landes. Das Führen der Touristen durch das Massai-Dorf mit »allen traditionellen Highlights« und das damit verdiente Geld ermöglichten den Dorfbewohnern Frischwasserspeicher, eine Solarzellenanlage (die, kamen Touristen in das Dorf, sorgfältig abgedeckt wurde) und Eric auf Anraten seines Vaters ein Studium in Hannover. »Ich wollte lernen, mir viel absehen und das Wissen nach Hause bringen«, waren seine Worte. Gerade einmal vier Semester hielt er es aus. Dann brach er sein Studium ab. Dieses Ende einer Unilaufbahn kam mir bekannt vor, und ich musste lachen. Ich erzählte ihm, dass mein Versuch, einen akademischen Grad zu erlangen, ebenso nach dem vierten Semester zu Ende war.

»BWL war einfach nicht meine Materie«, sagte ich ihm.

»Bei dir war es die Materie, bei mir waren es die Menschen. Eure, die sahen mich und waren böse. Unsere, die sahen mich nicht und waren böse. Ihr habt nie gerufen, und ich war da. Meine riefen, und ich war nicht da.«

Eric sprach in Rätseln. Zunächst dachte ich, dass er Rassismus erlebt hätte. Das jedoch meinte er mit seiner Aussage nicht.

Er fuhr fort: »In Tansania sagen wir: Antworte dem, der nach dir ruft. In Deutschland rief mich niemand. Ihr interessiert euch nicht. Für nichts. Ihr seid kalt. Ihr habt keine Gemeinschaft.«

Wir unterhielten uns noch sehr lange bis tief in die Nacht. Nach einigen Kilimandscharos, so hieß das lokale Bier, das in 0,66-Liter-Flaschen verabreicht wurde, war ich um viele Eindrücke reicher und sah trotz fortgeschrittenen Alkoholkonsums deutlich klarer. Der wohl größte Unterschied zwischen unseren Welten wurde an einem kleinen Beispiel klar: dem Studium. Entschließt sich ein Abiturient in unserem Land für ein Studium, dann basiert diese Entscheidung darauf, etwas für die eigene individuelle Zukunft zu tun. Um später einmal richtig Karriere zu machen und gesellschaftlich aufzusteigen. Eric hingegen trat das Studium an, um die Zukunft vieler, der Bewohner seines Dorfes, zu verbessern. Um Wissen zu sammeln und zu helfen, dass seine Gemeinschaft nach vorne kommt.

Ich konnte seinen Ausführungen nichts entgegenhalten, sondern musste ihm beipflichten. Wir brauchen einander in unserer ausentwickelten Industriegesellschaft nicht mehr. Wir haben alles. Wir studieren nicht fürs Dorf. Wir bilden uns nicht, um dem Gemeinwohl zu dienen, sondern die eigene Laufbahn zu forcieren. Dabei scheuen wir nicht einmal davor zurück, wissenschaftliche Ergebnisse zu manipulieren, nur um der Erste zu sein. Den Nutzen für die Allgemeinheit missbrauchen wir allenfalls für die eigene Reklame. Eine Nachricht beispielsweise, die für großes Aufsehen in den Medien sorgte und zugleich die Hoffnung von Millionen Frauen nährte, lief in jüngster Vergangenheit über alle Kanäle. Die Entdeckung und Entwicklung der beiden Professoren Sohn und Schott des Heidelberger Universitätsklinikums wurde sogar als »Weltsensation« gefeiert. Es handelte sich um einen Brustkrebs-Bluttest. Die Uniklinik selbst kündigte diese bahnbrechende Erfindung als »Meilenstein« in der Krebsvorsorge und -erkennung an. Mithilfe weniger Blutstropfen sollte dieser Test einen klaren Befund ergeben. Skeptische Zwischenrufe von medizinischen Fachkollegen, die die Marktreife anzweifelten, wurden kurzerhand als neidvolle Begleiterscheinung abgetan. Erst als die *Süddeutsche Zeitung* ein internes Papier der Klinik zitierte, aus dem hervorging, dass der Bluttest gar nicht existieren würde, wurde aus dem Meilenstein eine Misere. Hinter der gesamten inszenierten Show stand nicht mehr als eine gut geplante PR-Aktion für die beiden Forschenden wie das Forschungsinstitut. Die große Empörung hingegen blieb aus. Zum einen, da in der schnelllebigen Zeit eine Schlagzeile die nächste in atemberaubender Geschwindigkeit ablöst und die Wirkung einer Sensationsmeldung schnell verpuffen lässt. Zum anderen, weil wir, geht es um Fakenews und verfälschte Fakten, mittlerweile ziemlich abgestumpft sind. Jahrelange Manipulationen der Automobilbranche etwa gehen am Konsumenten nicht wirkungslos vorbei.

Die gesamte Wirtschaft bedient sich zunehmend unlauterer Mittel, um im verdrängenden Wettbewerb dem Mitbewerber den letzten Krümel des Kuchens abzuluchsen. Ihr gesamtes Handeln unterliegt dem Profit. Sie dient keiner Gesellschaft, sie bedient Zielgruppen. Und dennoch benötigen auch die erfolgreichen Akteure der Ökonomie, ebenso wie die Koryphäen der Wissenschaft, das Gerüst einer Gesellschaft. Ohne gesellschaftliche Struktur nämlich wäre jegliche Bemühung eines Einzelnen, erfolgreich zu sein, vergeblich. Wer sollte denn den schicken Sportflitzer und die neue Uhr am Handgelenk oder andere Statussymbole einer Meritokratie bewundern, wenn nicht *die* Gesellschaft? Die verkommt dadurch aber zum bloßen Publikum, zu einer Art Elite-Kompass.

Mich stimmte diese Erkenntnis sehr nachdenklich. Ist die Kernaufgabe einer Gesellschaft nur mehr da für das Sehen und Gesehenwerden, dient sie ausschließlich der Erfolgsverortung einzelner Individuen, hätte der unkontrollierte, neoliberale Kapitalismus ganze Arbeit geleistet. Was einst grundlegender Sinn und Zweck einer Gemeinschaft gewesen war, droht in Vergessenheit zu geraten. Wir stehen nicht mehr füreinander ein. Wir helfen erst, wenn wir uns insgeheim ausmalen, was wir als Kind noch aussprachen: »Was krieg ich denn dafür?«. Das ist völlig normal, wächst man in dieser Welt, umgeben von Idioten, auf. Aber: Können wir uns in einer solchen Welt wohlfühlen? Kann das Heimat werden?

»Mama, du denkst völlig falsch«, sagte mein Sohn zu mir, als ich ihm erzählte, was mir eine lange Zeit durch den Kopf ging, und er nicht abließ, mich mit Fragen zu löchern, bis ich ihm meine Gedanken anvertraute.

»Klar braucht man Leute um einen herum, die die coolen Sneakers bewundern. Manche sind so hässlich, die würde man sich doch nicht freiwillig kaufen. Aber die Leute mit Kohle kaufen die und zeigen der Welt dann: Ey, guckt: Ich hab 650 Euro für hässliche Schlappen hingelegt, ich bin cool!«

Während er sprach, zückte er sein Handy und zeigte mir

den It-Schuh, der aktuell höchstes Ansehen genoss. Eine ernsthaft unschöne Stricksocke mit auffällig bedruckter Gummisohle einer italienischen Edelmarke.

»Das ist doch ein dummes Spiel. Unfassbar albernes Angeben. Insofern stimmt es schon, dass heute Gesellschaft genutzt wird, um zu posen. Du musst aber mal in die Zukunft schauen, da sieht man, dass wir Gesellschaft brauchen. Erinnerst du dich, als ich immer so Angst vor dem Gewitter hatte?«

Ich nickte.

»Du hast dich zu mir gesetzt und mir erzählt, Petrus räumt die Möbel um, und weil der ein Tollpatsch sei, rumpelt es immer.«

»Da warst du vielleicht drei, vier Jahre alt und kannst dich noch erinnern?«, unterbrach ich ihn.

»Ja!«, sagte er. »Heute macht mir ein Gewitter nichts mehr aus, weil ich keine Angst mehr habe. Wenn du glaubst, man braucht Gesellschaft nur, um zu zeigen, was man hat, ist das nur die halbe Wahrheit. Ich meine, wen interessiert es, wenn heute einer sagt, er kauft sich in den nächsten Wochen fette neue Sneakers? Niemanden. Wenn du mir aber heute sagst, ich muss keine Angst vor etwas haben, dann weiß ich, dass ich in ein paar Wochen oder Monaten, wann eben passiert, worüber wir sprachen, mich nicht fürchten muss.«

Sagte es, schnappte sich seine Sporttasche und brach zu seinem Training auf. An der Tür hielt er für einen kurzen Moment inne und rief mir zu, ich solle doch meine Ladys und Gentlemen, meine Kolleg*innen bei *manomama*, den Satz vollenden lassen. Die Haustür fiel ins Schloss, Ruhe kehrte ein, und ich saß baff da. Für das Gespräch mit meinem Sohn war ich mehr als dankbar. Er gab mir auf seine Art eine Antwort. Ja, selbst der moderne Mensch, der alles hat und alles erreichen kann, braucht Gesellschaft nicht nur, um sich in den anderen zu spiegeln. Wir benötigen einander, um uns Hilfestellung zu leisten. Wenngleich solche Unterstützung nicht mehr in archaischer Form vonnöten ist, ist sie nach wie vor notwendig.

Die Welt von heute ändert sich schneller denn je. In einem Tempo, das vielen Menschen zunehmend Schwierigkeiten bereitet, mitzuhalten. Der Wandel bringt beängstigende Entwicklungen mit sich, etwa die Bedrohung der Erwerbsarbeitsplätze durch die rasant fortschreitende Digitalisierung, Robotisierung und Automatisierung, oder aber die mittlerweile spürbare Klimakrise durch das nach wie vor ungebremste Schädigen unseres Lebensraums. All diese Veränderungen betreffen und gefährden unmittelbar unseren individuellen Stand, unseren gesellschaftlichen Habitus. Weil wir aber den eigentlichen Sinn und Zweck einer Gemeinschaft seit Jahrzehnten nicht mehr erfüllen und darüber hinaus beinahe vergessen haben, wofür wir einander brauchen, weshalb es Gemeinschaft braucht, versuchen wir mit aller Kraft, das zu verteidigen, was wir kennen: das Poserbarometer und unsere Position darauf. Jeder für sich. Ohne Rücksicht auf die anderen. Sind eh alles Idioten. Diese Strategie erfordert einen enormen Kraftaufwand, liefert aber kaum Ergebnisse. Es ist, als würden wir einzeln gegen Windmühlen kämpfen.

Nun gibt es aber immer mehr Menschen, die ihre Arme sinken lassen und kraftlos aufgeben. Wir nennen sie die Abgehängten. Obgleich der Sozialstaat existiert und aufgrund der enormen Zahl offener Stellen in Handwerk und Dienstleistung die Chancen auf einen Job durchweg aussichtsreich sind, fühlen sie sich von Politik wie Wirtschaft allein gelassen. Dazu kommt das eigene Unvermögen, mit dem immer schneller fortschreitenden zivilisatorischen Wandel und dessen mannigfaltigen Facetten umzugehen. So ist es nicht verwunderlich, wenn Menschen mit dem Blick nach vorne, der für sie persönlich nichts Gutes beinhaltet, den Rückwärtsgang einlegen. Sie tauschen ihren Mut und die Neugier auf Kommendes gegen die trügerische Sicherheit von Altbekanntem. Dass früher nicht alles besser war, hat sich mittlerweile zwar herumgesprochen. Aber damals war angeblich noch alles in Ordnung. Dass viele der Abgehängten einer Zeit nacheifern, die sie, wenn überhaupt, nur vom Hörensagen kennen und die dabei retrospektiv zumeist verklärt wird, tut dabei nichts zur Sache. Voller Überzeugung stehen sie für ein Weltbild ein, in welchem, so der feste Glaube, sie garantiert eine bessere Position einnähmen. In der Vergangenheit finden sie Struktur, die ihnen vertraut scheint und Halt verspricht.

Im Gestern bilden jene eine neue Gemeinschaft und nennen es Heimat, die im Heute ihren Platz und ihren bescheidenen Wohlstand gefährdet sehen. Wirft man einen kurzen Blick auf die Landtagswahlergebnisse in jüngster Zeit, etwa in Thüringen, wird diese These bestätigt. Es waren nicht die Älteren, die das Kompetenzzentrum für Rückwärtsgewandtheit, den rechtskonservativen Haufen um den Faschisten Bernd Höcke gewählt haben. Die Wählergruppe über 60 Jahren entschied sich als einzige Gruppierung gegen die Erstplatzierung der AfD. Der Grund ist ein einfacher: Ihre persönliche Zukunft ist schlichtweg kürzer. Da ist die Angst kleiner. In allen anderen Wählergruppen wurde am häufigsten AfD gewählt. Die Empörung war groß, die Fassungslosigkeit unendlich, das Geschrei nach noch mehr Bildung und

Verständnis laut. Bildung und Verständnis allein nehmen der Angst jedoch nicht ihre Wirkung.

Die Aufgabe einer Wohlstandsgesellschaft ist also dieselbe, die auch eine kleine Gemeinschaft vor vielen tausend Jahren hatte: einander Hilfe zu leisten, sich Orientierung und Halt zu geben und Angst zu nehmen. Weil wir uns aber nurmehr um unser eigenes Wohl kümmern und unsere Existenzsicherung dank Ökonomisierung und technischem Fortschritt keine sozialen Interaktionen mehr fordert, haben wir solches Miteinander vergessen und verlernt. Und weil wir immer weniger kooperieren, scheint sich auch das Bild verändert zu haben, das wir uns von unseren Mitmenschen machen. Die Welt ist voller Idioten und Arschlöcher. Und denen ist bekanntlich nicht zu helfen.

Um unserer Gesellschaft wieder den Sinn und Zweck zu verleihen, der ihr ursprünglich zugedacht war, müssten wir also bereit sein, neu zu denken. Vor allem hätten wir unsere Einstellung und Beurteilung unserer Mitmenschen zu überdenken. Wenn es uns aber schon so schwerfällt, äußere Veränderungen anzunehmen, wie soll uns dann ein innerer Sinneswandel gelingen? Dabei auf eine Bewegung zu hoffen, die aus der sogenannten Mitte unserer Gemeinschaft entspringt, ist heute wohl aussichtslos. Diese »Mitte«, die sich einst beispielsweise in einer Volkspartei wiedergefunden hat, ist, wie die Parteien selbst, längst angezählt. Sie ist in immer mehr kleine Gruppen zerfallen, die sich nur noch in wenigen Punkten überschneiden.

Am Beispiel des Klimaschutzes lässt sich das Phänomen schön illustrieren. Vor Jahrzehnten schon war der Klimaschutz, speziell das Waldsterben, ein Thema, das Zehntausende auf die Straßen brachte. Erzkonservative Trachtenvereinsmitglieder demonstrierten zusammen mit linksalternativen Ökojüngern. Gemeinsam wurde unter dem Motto »Erst stirbt der Wald, dann stirbt der Mensch« gekämpft. In sehr kurzer Zeit entschied sich die EU wie auch die deutsche Politik, übrigens in Form einer schwarz-gelben Bundesregierung und gegen den vehementen Einwand der Stromversorger, für einschneidende, zugleich wirkungsvolle Maßnahmen: Kohlekraftwerksbetreiber mussten kostenintensive Filteranlagen zur Rauchgasentschwefelung nachrüsten, der Wald selbst wurde mit tonnenweise Kalk entsäuert, während die EU die Katalysatorenpflicht für Kraftfahrzeuge und Luftreinhaltepläne verabschiedete. Das Ergebnis: Der Wald starb nicht.

Heute stehen wir erneut vor einer enormen Herausforderung: die Klimakrise. Was aber geschieht? Lange Zeit haben wir es geradezu ausgesessen und sind in Stillstand verharrt, bis eine Sechzehnjährige all ihren Mut zusammennahm und begann, die Schule zu schwänzen. Innerhalb eines Jahres wurde eine globale Bewegung – Fridays for Future – daraus, die Hunderttausende Kinder auf der gesamten Welt auf die Straße zog. Ihnen schlossen sich einige Eltern an, es kamen Wissenschaftler hinzu und Unternehmer. Man könnte sagen, die Chancen-Menschen sind aufgestanden, um für den Klimaschutz einzutreten. Der Rest jedoch ist nicht, wie einst beim Waldsterben, dafür oder dagegen. Heute ist man dafür und verhält sich dagegen. Wir alle wissen, und geben dies auch von uns, wenn wir gefragt werden, dass der Individualverkehr schlecht fürs Klima ist. Gleichzeitig wuchsen 2018 die Zulassungen von SUV (+20,8%) und Wohnmobilen (+15,5%) am stärksten. Die Fleischproduktion ist ebenfalls sehr klimaschädlich. Deshalb ernähren sich immer mehr Menschen vegan. Belohnt wird die eigene Haltung mit einer Kreuzfahrt, speziell für Veganer. Mit alten Diesel-Autos durch die eh schon überfüllten Innenstädte zu fahren, löst regelmäßig Feinstaubalarm aus. Doch statt umzusatteln auf öffentliche Verkehrsmittel und das umweltfreundliche Rad, fahren wir mit derselben Dreckschleuder einfach um die gesperrten Straßen herum. Es klingt nach blankem Irrsinn, ist aber nichts anderes als die Unfähigkeit, uns aus eigener Kraft zu ändern. Diese Unfähigkeit paart sich mit dem Selbstverständnis der individuellen, grenzenlosen Möglichkeiten. Weil wir es können, ist das Leitmotiv. Ein schönes Beispiel ist das Tempolimit. Nichts wird heißer in unserer Gesellschaft diskutiert. Während in allen anderen europäischen Ländern längst Geschwindigkeitsbeschränkungen herrschen, treibt es uns den kalten Schweiß auf die Stirn, als hinge unsere Freiheit davon ab. Deren Grad messen wir offenbar in Kilometer pro Stunde. Und daran wird sich so schnell nichts ändern.

Auch seitens der Politik müssen wir nicht fürchten, unser Verhalten gesetzlich eingedämmt zu bekommen. Derart konsequent, selbst gegen Lobbyisten und Stromkonzerne, zu handeln wie die Regierung zu Beginn der 1980er-Jahre, ist nicht absehbar. Man kuschelt lieber mit der Autobranche, als ihr aufzuerlegen, ihre Fehler und Mauscheleien zu beheben. Schließlich braucht ein Politiker einen Posten nach dem Mandat. Man entscheidet sich lieber für den Erhalt von wenigen Tausend Braunkohlearbeitsplätzen und baut dafür still und leise 89 000 Stellen in der Windenergie ab. Schließlich möchte man die letzten Wähler, die Kumpel der Sozialdemokratie, nicht auch noch vergrätzen. Man beschließt eine CO_2-Abgabe, die niedriger ist, als die Wirtschaft einfordert. Schließlich will man etwas erledigt haben, dabei aber nichts tun.

Diese Art der Politik geht schon viel zu lange. Diejenigen, die noch verdrossen waren, sind mittlerweile frustriert. Manche versuchen, zumindest im kleinen, privaten Rahmen, etwas zu ändern. Denn: A bisserl was geht immer. Die einen beginnen, ihren täglichen Lebensmitteleinkauf nurmehr biologisch und regional zu gestalten, die anderen verzichten auf Fleisch oder aufs Auto. Dritte wiederum verbannen Plastik aus ihrem persönlichen Umfeld, und wieder andere verzichten aufs Fliegen. Die Liste solcher kleinen Veränderungen ist lang, und sie Schritt für Schritt in Angriff zu nehmen, wäre ein wunderbarer Beginn. Doch anstatt das Gute zu üben, scheitern wir in Perfektion. Statt das kleine Richtige zu loben, prangern wir das große Falsche an. Und den größten Spott bekommen die Vorreiter ab. Greta Thunberg trinkt aus einer Plastikflasche – Skandal! Robert Habeck wird in der Sicherheitsschleuse am Flughafen fotografiert – Heuchelei! Das Diskreditieren derer, die sich bereits auf den Weg gemacht haben, hat zwei Funktionen: Einerseits verringert es den moralischen Abstand zwischen Kritiker und Kritisierten. Andererseits dient das Anprangern dem Zweck, das eigene Verhalten nicht ändern zu müssen, getreu dem Motto: »Solange der Grüne in ein Flugzeug steigt, muss ich mich nicht schlecht fühlen, wenn ich fliege.«

Ich zähle solche Menschen zur Generation Elfundneunzigprozent. Insgeheim wissen sie, dass eine Übererfüllung nicht möglich ist. Deshalb konzentrieren sie sich mehr darauf, das Verhalten anderer zu beäugen und zu kritisieren, um von dem eigenen Handeln abzulenken. Sie fordern stets Unmögliches, die Ideen anderer kluger Köpfe sind inakzeptabel. Schlägt jemand etwas vor, das ihren Vorstellungen nicht entspricht, begeben sie sich in die Opferrolle. Kompromisse sind ihnen fremd, und Zwischenschritte zum Erreichen eines Ziels werden als halbherzig abgelehnt.

Mitmenschen zu kritisieren, um sich selbst zu erhöhen, und gleichzeitig Forderungen einzubringen, die unmöglich scheinen, um das eigene Verhalten nicht verändern zu müssen, mag für uns schwer verständlich sein. Mein Bekannter Michael, ein sehr erfahrener Psychotherapeut, wagte kürzlich eine Erklärung für mich. Wenn Komfort eines Lebensraums zum Überfluss tendiert, wenn Toleranz des Umfelds sich in Desinteresse wandelt, braucht es Radikales, zuweilen Extremes, um Aufmerksamkeit zu erreichen. Der Mensch versucht immer, sich von der Masse abzuheben, durch einen bestimmten Lifestyle, durch Kleidung, durch sein Verhalten. Ist die Masse selbst von großer Heterogenität geprägt, werden die Wünsche und Ideen des Einzelnen immer spezieller, und die Kompromissfähigkeit schwindet. »Wer sich rosakarierte Maiglöckchen vorstellt und nur einen Strauß Astern bekommt, wird diesen ablehnen, eine Petition starten, dass Schnittblumen schädlich sind, und jeden auffordern, in Zukunft keine floralen Geschenke mehr zu machen. Außer rosakarierte Maiglöckchen«, erklärte Michael. Weil die derart Angesprochenen weder das Verständnis aufbringen können, dass Schnittblumen per se zu verteufeln sind, noch die Vorliebe für rosakarierte Maiglöckchen teilen, beginnen sie, ebenfalls zu urteilen. Am Ende kommt heraus, was zu erwarten war: Die Welt ist voller Idioten.

Ich selbst habe mir vor geraumer Zeit einen ordentlichen Shitstorm eingefangen, bei dem ich solche Reaktionen erleben musste. Ich hatte auf Facebook ein Bild gepostet. Dieses zeigte einen riesigen Berg gepflückter Baumwolle, etwa 30 Meter hoch. Auf der Hälfte des Faserhügels sah man mich, glücklich und strahlend, alle Viere von mir streckend, im weichen Material liegen. Darunter war dem Text zu entnehmen, dass ich unheimlich zufrieden war nach einem langen Tag, den ich bei meiner Gastfamilie in Tansania mit Pflücken von Biobaumwolle verbrachte. Anschließend informierte ich die Leser über den weiteren Weg der fair und ökologisch hergestellten Baumwolle. Was aber trieb die Facebook-«Freunde« um? Nike-Schuhe. Genauer gesagt: meine uralten Treter, die ich bei diesem Schnappschuss trug. Kenner der Sneakers-Szene hätten wahrscheinlich umgehend festgestellt, dass es sich um ein völlig veraltetes Modell handelt. Die aber meldeten sich nicht. Stattdessen wurde fleißig kommentiert von Leuten, die immer schon wussten, dass meine Haltung nur Marketing war. Anders sei das Tragen von unfairen Turnschuhen in meiner Funktion nicht zu erklären. Anfänglich versuchte ich, mich zu wehren und zu verteidigen, doch es war vergeblich. Innerhalb kürzester Zeit diskreditierten die Kommentatoren mein jahrelanges Engagement, sprachen mir meine ethische Grundhaltung ab und gaben sich selbst die Absolution und den Freibrief, weiterhin sorglos zu konsumieren. Schließlich tat ich das ja auch. Weil die Art der Kommunikation deutlich unterhalb der Gürtellinie angesiedelt war, ging mir dieser Shitstorm sehr nahe. Eine Kollegin sagte zu mir: »Sina, und wenn du über das Wasser gehst, würden sie schreien: Sieh, die kann nicht schwimmen! Du musst das aushalten lernen.« Ich hingegen antwortete ihr: »Warum muss ich es aushalten lernen? Könnten die anderen vielleicht beginnen, das Verhalten anderer auszuhalten?«

Manchmal muss man sich nicht einmal in irgendeiner speziellen Art verhalten, um auf Ablehnung und Misstrauen zu stoßen. Manchmal reicht es bereits aus, nur da zu sein. Am

falschen Ort. Weil man in den Augen derer, die immer schon
dort waren, da fehl am Platz ist. Schutzsuchenden geht es an
sehr vielen Orten der Welt: Wenig solvente Chinesen spüren
die Ablehnung der Australier, die Amerikaner mögen am
liebsten niemanden mehr ins Land lassen, der muslimischen
Glaubens ist, Araber verachten westliche Frauen, und viele
Ostdeutsche haben mit Geflüchteten ein ähnliches Problem
wie mit Wessis. Knapp drei Jahre bin ich selbst nach Dresden
gependelt und verbrachte eine ordentliche Portion Lebenszeit
in der wunderschönen Stadt an der Elbe. Zur Wende war ich
gerade elf Jahre alt, und irgendwie war Deutschland für mich
immer schon ein Land. Nicht Ost, nicht West. Bis mich mein
Leben nach Sachsen geleitete. Vom ersten Tag an war ich ein
Wessi. Mit diesem Titel war auch alles gesagt für die Einheimischen. Sie wollten schlichtweg nichts mit mir zu tun haben.
Mein leichter bayerischer Akzent versaute mir jeden Erstkon-
takt, einen zweiten gab es nicht mehr. Zwei Freundschaften
sind in drei Jahren entstanden, sonst nichts. Nicht einmal
eine Bekanntschaft oder eine Nachbarschaft. Ich habe mich
bemüht, aber jede Anstrengung war vergeblich. Gegen die
Vorurteile halfen weder gutes Betragen noch eine offene Art
oder freundliche Gesten. Ich war einer dieser Wessis, die alles
besser wissen, nur mit dem Geld wedeln und dafür sorgen,
dass überall die Mieten teurer werden. Dabei gehörte ich weder zu den Investoren, die Grund und Boden aufkauften,
noch pflege ich, ob in Dresden oder anderswo, einen pompö-
sen Lebensstil. Das aber interessierte nicht. Der Wessi war
schon immer so, und deshalb wird auch diese Westfrau so
sein. Die Welt ist voller Idioten.

Wir scheinen unentwegt damit beschäftigt, unsere Mitmenschen so hinzustellen, wie wir sie im Unterbewussten se-

hen wollen. Wir können das Verhalten der anderen nur
schwer aushalten und das Dasein von Fremden nicht als
Chance für neue Einflüsse sehen. Wir helfen nicht. Wir het-
zen. Wir nehmen einander keine Angst, wir schüren sie untereinander. Das war bei *manomama* ebenso der Fall. Dies
alles aus einer Unsicherheit heraus, die gedeiht, weil uns fehlt,
was wir brauchen und was uns stark und widerstandsfähig
machen würde: eine echte Heimat in guter Gesellschaft. Den
Vorschlag meines Sohnes habe ich übrigens realisiert, ich ließ
auch meine Ladies und Gentlemen, wie schon einmal erwähnt, den Satz vollenden. Spitzenantwort bei ihnen war
»Arbeit«, gefolgt von »Überraschungen«. Ich bin mir sicher,
dass die Umfrage zehn Jahre früher andere Ergebnisse zu
Tage gefördert hätte. Bevor wir uns gemeinsam aufmachten
und Gemeinschaft entdeckten, wäre auch meine ergänzende
Antwort auf den zu vervollständigenden Satz »Die Welt ist
voller ...« eine andere gewesen. Wahrscheinlich hätte ich
mich in die »Idioten«-Fraktion eingereiht. Bis wir begannen,
gemeinschaftliche Werte zu entwickeln und zusammen den
Grundstein zu legen für unsere Heimat.

WARUM BEI UNS NICHTS VORWÄRTSGEHT

Es gibt sie noch, die guten Gründe, die trotz des modernen Lebens, das wir führen, für den Erhalt und die Pflege einer Gesellschaft sprechen. Nur: Gibt es da überhaupt noch etwas zu erhalten und zu pflegen? Existiert in Deutschland noch eine Gesellschaft, oder wird es nur bevölkert von einer Vielzahl von Interessengruppen, verschiedener Eliten und einem Haufen individueller Einzelgänger? Was macht Gesellschaft eigentlich aus, fernab jedes Statusgerangels? Wie muss Gemeinschaft eigentlich aussehen in der heutigen Welt? Wenn wir in die Geschichte blicken, lässt sich feststellen, dass Gesellschaften scheinbar ihre Zeit und Dauer haben. Heute noch sind wir fasziniert von den Ruinen der Maya und stehen beeindruckt vor den Pyramiden der Ägypter. An vielen Orten Europas finden wir imposante Überreste des Römischen Reichs. Allesamt Hochkulturen, die irgendwann ihr jähes Ende fanden. Was unerschütterlich schien, fiel dem Wandel zum Opfer.

Seit Beginn der Forschung streiten sich die Wissenschaftler, aus welchen Gründen im Einzelnen hochentwickelte Gesellschaften wie die der Römer, Ägypter oder Maya zugrunde gingen. Bei allen dreien, so sind sich die Forscher immerhin sicher, lassen sich zwei hauptsächliche Gründe ausmachen. Zum einen wird von außergewöhnlichen klimatischen Vorkommnissen berichtet, die zu Dürre, Hungersnöten und veränderten Lebensbedingungen führten. Vergleichen wir das mit unserer heutigen Situation, können wir bereits Parallelen feststellen. Der Klimawandel muss uns ordentlich beunruhigen und veranlassen, unsere gesamte Kraft in dessen Abmilderung zu setzen, jedoch dürfen wir keine Angst haben. Ebenso wenig in Panik geraten. Das wäre kontraproduktiv. Angst lähmt, ist ein schlechter Ratgeber und erweist sich gerade bei anstehenden Kraftanstrengungen als kontraproduktiv. Wer panisch handelt, endet meist in blindem Aktionismus und kollabiert am Ende trotzdem. Auch ist unsere Situation heute eine andere als die vor einigen tausend Jahren: Wir sind weltweit vernetzt und können dadurch deutlich mehr Wissen und größere Potentiale an Kraft bündeln. Wir können globale Probleme lösen wie einst das Ozon-Loch, das mittlerweile wieder geschlossen ist. Das Resultat einer internationalen Gemeinschaftshandlung, dem Produktionsverbot von FCKW, das weltweit 2010 in Kraft trat. Darüber hinaus sind wir mobil und dank dem technischen Fortschritt anpassungsfähiger als unsere Vorfahren. Wir haben also eine echte Chance, wenn wir uns bewegen.

Der zweite Grund für den Untergang von Hochkulturen, den die Wissenschaftler festgestellt haben, war das Ende der jeweiligen Gesellschaft, denn der Gipfel ihrer Entwicklung schien erreicht. Sowohl bei den Maya als auch bei den anderen Hochkulturen wurde ein rigoroser Raubbau an den natürlichen Ressourcen betrieben. Zeitgleich war die jeweilige Gesellschaft immer stärker gespalten in eine reiche Elite und eine arme Masse. Dieser Zustand brachte die schillernden Hochkulturen zu Fall. Wer nun meint, exakt dieselbe Situation herrsche auch in unserer heutigen Zeit, der irrt allerdings. Bei allen Defiziten und Fehlern haben wir, was die damaligen Hochkulturen nicht hatten und wir oft vergessen:

den Sozialstaat. Genau die Institution, die Neoliberale am liebsten abschaffen würden, schließlich ist jeder seines eigenen Glückes Schmid. Hier treffen sich die Marktradikalen übrigens mit den Befürwortern eines bedingungslosen Grundeinkommens. Denn im Kern entspringt dieses Konzept einer unsozialen Idee: den Menschen einen Betrag x hinzuwerfen und sie damit ihrem eigenen Schicksal zu überlassen. Der Sozialstaat hingegen ist dazu da, genau dann einzugreifen und zu helfen, wenn der Betroffene nicht mehr in der Lage ist, sich selbst aus dem Schlamassel zu ziehen. Das ist das Prinzip der Solidargemeinschaft und die Aufgabe eines Wohlfahrtsstaats.

Arm im existenziellen Sinne ist vielleicht niemand in unserer Gesellschaft. Global gesehen gehören selbst Bezieher des Hartz-IV-Satzes, dessen durchschnittliche Höhe zurzeit 800 Euro inklusive Mietkosten beträgt, zum ersten Einkommensdrittel der Weltbevölkerung, wenn es um das monatlich verfügbare Geld geht. Verfeinern wir jedoch den Blick auf Deutschland, ergibt sich ein etwas anderes Bild. Jeder Zehnte erhält laut fünftem Armuts- und Reichtumsbericht der Bundesregierung Unterstützung in Form einer Sozialleistung wie Grundsicherung zur Rente oder ALGII. Zudem steigt die Armutsquote seit Jahren konstant an. Immer wieder gibt es Streit zwischen den verschiedenen politischen Lagern um die existenzsichernde Ausrichtung einer staatlichen Zuwendung. Konservativ-liberale Stimmen argumentieren, dass man nicht von existenzgefährdender Armut sprechen könne, denn Hartz-IV sichere ja exakt diese ab. Sozialdemokratisch-linke Kräfte halten dagegen und bringen soziale Teilhabe mit ins Spiel. Das ist der relevante Punkt. Die Existenz des Einzelnen kann durch das Sicherstellen von Nahrungsversorgung und

Wohnraum gewährleistet werden. Das aber verschafft ihm keinen Zugang zu unserer Gemeinschaft.

Es lässt sich festhalten, dass wir nach wie vor eine intakte Gesellschaft haben, die durch die Mechanismen des Sozialstaates aufrechterhalten wird. Erinnern wir uns an den Grund, warum die Hochkulturen einst kollabierten, könnten wir uns nun beruhigt zurücklehnen. Das jedoch können wir nicht, denn die Ausgangslage ist heute eine völlig andere, unsere Gesellschaftsstruktur ebenso.

Als ich *manomama* gründete und die ersten vierzig Damen einstellte, hatten nahezu alle zuvor Hartz-IV bezogen. Ich unterhielt mich ausgiebig mit ihnen über ihre damalige Lebenssituation, denn ich wollte Schilderungen aus erster Hand. Über die sozialen Netzwerke hörte ich immer wieder Erzählungen, wie knapp der Regelsatz bemessen sei, in Unterhaltungen mit Sozialverbänden wurde mir erklärt, dass der Betrag nicht ausreichen würde. Alle Informationen, die ich sammeln konnte, drehten sich ausschließlich ums liebe Geld. Ich startete sogar einen Selbstversuch und notierte akribisch, welche Ausgaben ich über zwei Monate lang hatte. Zu meiner Verwunderung war dies sogar weniger als der staatliche Satz. Dies hängt möglicherweise damit zusammen, dass ich einen gewissen Ehrgeiz entwickelte und diesen Test als Spiel sah. Zum anderen lag es an meinem Verhalten: Als Nichte einer Gastwirtin kann ich sehr gut kochen, und dies entpuppte sich als Vorteil. Ich benötigte nur wenig Grundnahrungsmittel und zauberte damit täglich etwas Neues. Weggeschmissen wurde nichts. Nach diesen acht Wochen war ich mehr als überrascht, was ich für Lebensmittel ausgab. Als ich einige Wochen später in einem Treffen bei der EDEKA Nordbayern saß und dem Category-Manager von meinem Selbstversuch erzählte, ließ ich ihn schätzen, welches Budget ich benötigte. Zu meiner Verwunderung lag er beinahe punktgenau: »Im ersten Monat vielleicht 70 Euro, im zweiten 50 Euro?«, sagte er. 64 und 58 Euro waren es. »Wenn man bereit ist, sich zu ändern, geht das«, antwortete er. Und ich stimmte ihm zu. Wer bereit ist, sein Verhalten zu ändern, wird überrascht sein, was möglich ist.

Interessanterweise fand ich in den Gesprächen mit meinen Ladies nicht eine Kollegin, die bestätigte, mit dem Geld vom Staat nicht über die Runden gekommen zu sein. »Knapp war es immer zum Monatsende«, durfte ich erfahren, oder: »Ich hab immer vorgekocht und akribisch geplant. Dann geht das.« Man müsse mehr selber machen, war eine Antwort, und dies kam mir bekannt vor, ebenso wie: »Wir haben oft viel geschenkt bekommen oder vom Sperrmüll geholt. Was da alles weggeworfen wird, ist ja noch wie neu!« Aber so wie meine Gesprächspartnerinnen einhellig der Meinung waren, dass ihnen existenziell nichts fehlte, so beklagten sie ausnahmslos die fehlende soziale Teilhabe. Junge, alleinerziehende Mütter berichteten mir davon, das eh schon schmale Eigenbudget gänzlich umgeschichtet zu haben, um ihren Kindern zumindest ein gebrauchtes Vorvorvorgängermodell des angesagten Handys zu kaufen. Sie selbst flickten ihre Kleider und freuten sich über Abgetragenes von Nachbarn, damit ihr Nachwuchs neue Markenturnschuhe tragen konnte. Die letzten Groschen wurden zusammengekratzt und schwarz mit der Straßenbahn zum Kino gefahren, damit zumindest der Spross einen Film ansehen konnte. »Ich habe mir dann Übelkeit einfallen lassen und eine Familie angesprochen, ob sie den Film über auf meine Tochter aufpassen könnte. Das hat mehrfach geklappt!« In vielen Stunden erzählten mir meine Ladys von unglaublichen Anstrengungen, die sie für sich selbst oder ihre Kinder auf sich nahmen, um dem entgegenzuwirken, was Hartz-IV per se mit sich bringt: soziale Ausgrenzung und Stigmatisierung. Man verhungert nicht und geht dennoch ein, denn es fehlt die soziale Teilhabe. Wir grenzen einander aus. Unsere Gesellschaft zerbricht.

Ich glaube fest daran, dass Gesellschaften nie aufgrund vorherrschender Ungleichheit untergegangen sind, dazu sind mir als Proof of concept die Mayas, die Römer und Ägypter zu wenig. Zudem gab es seit Menschengedenken große Amplituden, ging es um den Reichtum weniger im Vergleich zur Armut vieler. Verwehrte Partizipation hingegen, die schwindende Chance des Mitmachens mit den anderen scheint Gesellschaften auseinanderdriften zu lassen und sie letzten Endes zu zerstören. Exakt diese Situation finden wir in unserer Gesellschaft. Immer mehr Menschen können nicht mehr an ihr partizipieren. Hier nun nach mehr Geld zu schreien, um die vielbeachtete Schere zwischen Arm und Reich zu schmälern, ist schlichtweg populistischer Nonsens, der uns noch weiter voneinander entfremdet, weil er Hass und Neid schürt. Wenn wir gesellschaftlich vorankommen und nicht weiter auf der Stelle treten wollen, müssen wir dem Geld gemeinsame Zeit hinzufügen. Daraus entsteht Teilhabe.

Das fängt im Kleinen an. Immer wenn Hendrik, mein Lebensgefährte, und ich am Wochenende einen Bummel durch die Hamburger Innenstadt unternehmen, zieht es uns automatisch an den Jungfernstieg. Nicht weil es dort besonders schön ist, die Hansestadt hat viele schöne Ecken, sondern weil dort M. sitzt. Seit Jahren ist er obdachlos, und dies ist sein angestammter Platz. Direkt gegenüber von ihm sind, wie Perlen aufgereiht, die Tische eines Cafés. Als wir diesen Ort zum ersten Mal besuchten, nahmen wir Platz, bestellten unseren Kaffee und genossen den Ausblick aufs Wasser und die herbstliche Sonne. Hinter uns M., auf dem Boden sitzend. Mir war bei der Situation unwohl: Während ich für teures Geld einen leckeren Cappuccino genoss, saß mir ein Mensch buchstäblich im Nacken, der den Betrag, den ich gerade in ein Getränk investierte, deutlich nötiger gehabt hätte. Kurzerhand stand ich auf und drückte ihm einige Groschen in die Hand. Wortlos. Er bedankte sich, ließ die Münzen in seine Tasche gleiten und saß weiterhin geduldig da. Am Eck des Schaufensters einer Edelmarke sitzend, beobachtete er das Geschehen der Großstadt, während ich ihn weiterhin im Blick hatte. Ein junger Mann kam wenige Augenblicke später vorbei und schenkte ihm eine Zigarette. Diese verstaute der Obdachlose ebenfalls in seiner Jackentasche. »Wieso raucht er die denn nicht?«, fragte ich mich, nahm einen Zug aus meiner Zigarette und nippte am Cappuccino. Mein Laster, meine Genusskombination. Dann fiel bei mir der Groschen. Ich stellte die Tasse wieder auf den Unterteller, legte meinen Glimmstängel in den Ascher und begab mich ein zweites Mal auf den kurzen Weg zu ihm.

»Möchten Sie eine Tasse Kaffee?«, sagte ich.

Er sah mich an. »Gerne!«

»Darf ich Sie an unseren Tisch bitten?«, fragte ich vorsichtig.

Kurze Pause. Anschließend erhob er sich und sagte erneut: »Gerne!«

Als der Kellner ihm den Kaffee servierte, griff er automatisch in seine Tasche, nahm die Zigarette heraus und begann sie zu genießen. Und zu erzählen. Er, M., hatte 30 Jahre gearbeitet, wurde durch einen schweren Arbeitsunfall aus der

Bahn geworfen und lebte nun so, wie er nun mal lebt. Eine Stunde lang erzählte er von seiner Jugend in Ostdeutschland, von seinen Freunden auf der Straße und philosophierte übers Leben überhaupt. Nach einer weiteren Runde Kaffee ließ ich die Rechnung kommen, bezahlte und händigte ihm noch das Restgeld aus. »Ist nicht viel, aber ...« Er unterbrach mich: »Ich habe bekommen, was man mit Geld nicht kaufen kann. Danke«, sagte er, erhob sich, nickte uns noch einmal zu und kehrte zurück an seinen Platz, an dem sein weniges Hab und Gut wartete. Ein paar Münzen in den Hut zu werfen, ist Hilfe auf der Straße. Die Straße zu verlassen und auf Augenhöhe Platz zu nehmen, wird erst möglich, wenn wir Aufmerksamkeit schenken.

Soziale Teilhabe ist allein mit Geld nicht zu realisieren. Es braucht die Zeit von anderen dazu, um daraus Partizipation werden zu lassen. Weil wir gelernt haben, dass Geld das Maß aller Dinge ist, dem wir den höchsten Stellenwert zuschreiben, glauben wir, mit Geld alles richten zu können. Auf beiden Seiten: auf der, die mittels Moneten soziale Teilhabe schaffen wollen, ebenso wie auf jener, die glauben, durch Geld Partizipation zu erhalten. Mithaltenkönnen und Mitmachenkönnen wird oft verwechselt in unserer Leistungsgesellschaft.

Diese Erfahrung durfte ich auch bei meinen Ladys und Gentlemen machen. Stichwort: Weihnachtsfeier. Erzählungen von Freunden, die enttäuscht darüber waren, dass in ihren Unternehmen Weihnachtsfeiern gänzlich gestrichen oder umgewandelt wurden in Selbstkostenpartys, stimmten mich stets traurig, denn, so ist meine Einstellung, wer gemeinsam arbeiten kann, sollte auch zusammen feiern. Das war bereits zu Zeiten meiner Agentur so. Dort sind wir, da es sich um eine überschaubare Anzahl handelte, erst schön essen gegangen, um anschließend das Augsburger Nachtleben unsicher zu machen. Mit 150 Ladys und Gentlemen kann man jedoch nicht einfach so, auf gut Glück, eine Bar stürmen. Außerdem wollte ich ihnen mit der Weihnachtsfeier ermöglichen, was für sie alle in ihren früheren Lebensumständen unmöglich gewesen wäre: eine prächtige Feier in edlem Ambiente. Etwas Besonderes. So feiern wir seit Anbeginn bis heute in einem der besten Hotels der Stadt in »unserem« Saal, an festlich gedeckten Tischen bei stimmungsvoller Beleuchtung, mit meterlangem Buffet und zu fetzigen Klängen der Live-Band. Bereits Tage zuvor nähen sich meine Kolleginnen unglaublich tolle Ballkleider, die Herren antworten darauf mit Smoking und Fliege. Fred, mein Kollege aus Nigeria, bringt seine Musikfreunde mit und beschenkt uns alle mit einer afrikanischen Percussion-Show der Superlative. Didi sorgt mit seinem Laientheater für viele Lacher. Beim Luftschnappen im Foyer kommt man ins Gespräch mit anderen Gästen weiterer Veranstaltungen, und am Ende, wenn die Taxiflotte bereitsteht, sind alle zufrieden und erfüllt von den Eindrücken. »Ich fühle mich immer wie eine Prinzessin«, verabschiedete sich Irina einst von mir und machte mich glücklich. Genau dieser Rollentausch, das Eintauchen in eine andere Welt, die der vermeintlich Reichen und Schönen, das Erleben von scheinbar Unerreichbarem, ist es, was mich anspornt, jedes Jahr die durchaus komplexen Vorbereitungen auf mich zu nehmen und jedes Jahr die Kritik aus den eigenen Reihen auszuhalten. Denn die Weihnachtsfeier ist auch immer wieder aufs Neue ein heißes Eisen. Nicht alle sind begeistert, miteinander zu feiern. Einige bleiben dem Fest kategorisch fern. Dabei liegt es weniger an der Aussicht, zusammen einen Abend zu verbringen. Es ist die Sache mit dem Mithalten und Mitmachen. »Gib mir lieber das Geld, dann kann ich damit kaufen, was ich will«, lautet das Hauptargument. Aber soziale Teilhabe und Gemeinschaft kann man sich nicht kaufen. Partizipation anzubieten und dafür auf Ablehnung zu stoßen, kann man kaum glauben. Das zu lernen war ein langer Weg. Für mich.

Es gibt unzählige, nicht monetäre Gründe, die eine Teilhabe an unserer Gesellschaft schwierig gestalten. Die Gesundheit etwa, die bekanntlich mit Geld nicht zu kaufen ist, spielt eine große Rolle. So würden einige wenige Kolleginnen, um beim Beispiel unserer Weihnachtsfeier zu bleiben, gern an der Feier teilnehmen, sehen sich aber konditionell oder konstitutionell nicht in der Lage, eine rauschende Ballnacht mitzufeiern. Zwei weitere Kolleginnen würden ebenfalls gern dabei sein, jedoch lässt Krankheit ihrer Familien die Teilnahme nicht zu. Ihre Doppelbelastung, die Arbeit bei *manomama* und die anschließende Pflege der Angehörigen, verhindert eine Partizipation. Sehen wir in den öffentlichen Raum, blicken wir in die Belegschaftsstrukturen von zahlreichen Unternehmen, so werden Gehandicapte nach wie vor maßgeblich an der Partizipation gehindert, sei es beispielsweise aufgrund nicht barrierefreier Infrastruktur oder sei es aufgrund mangelnden Verständnisses und fehlendem Einfühlungsvermögen seitens der jeweiligen Kollegen

Ein gefährlicher Zerstörer sowie Verhinderer von Partizipation ist der rasante technologische Fortschritt. Zu schnell, zu kompliziert gestaltet sich die neue Welt, die zunehmend automatisiert und digitalisiert ist, für viele. Verhaltensweisen, wie wir sie einst gelehrt bekamen, werden hinfällig. War es vor einigen Jahren ausreichend, einige Groschen in der Tasche zu haben, um nach der Weihnachtsfeier mit der Straßenbahn sicher nach Hause zu gelangen, indem man vorne, direkt beim Fahrer ein Ticket bezahlte, benötigt man heute bereits minimale Computerkenntnisse, um den Automaten an der Haltestelle zu bedienen. Noch komfortabler geht dies direkt über die App im Smartphone. Für neugierige und wissbegierige Menschen ist diese exemplarische Entwicklung, die sich in verschiedensten Lebenslagen vollzieht, keine große Herausforderung und nach kurzer Zeit der Umstellung und des erneuten Lernens Teil des Alltäglichen. Jedoch vergessen wir hierbei, dass nicht jeder von uns das dauerhafte Lernen für einen Segen und manchen Schritt in ein effizienteres Morgen durchaus für einen Fluch hält. So entsteht eine gefährliche Situation: Das Gewohnte erodiert und das Neue ist noch nicht gelernt. Das Resultat: schwindende Partizipation an und wachsende Orientierungslosigkeit in unserer Gesellschaft.

Diese Entwicklung stellt auch die Ungleichheit unter ein neues Licht, die nicht mehr nur auf den Unterschied zwischen arm und reich beschränkt bleibt. Was aber bringt all der persönliche Reichtum und stets das neueste Smartphone, wenn der Umgang mit diesem nicht leicht erlernt und das Leben dadurch nicht mehr organisiert werden kann? Weil wir also auf vielen Ebenen des alltäglichen Lebens mittlerweile große Differenzen im Umgang und in der Organisation durch digitale Hilfsmittel in unserer Gesellschaft vorfinden und diese dafür sorgen, dass die Partizipation sich zunehmend schwieriger gestaltet, geht nichts gemeinsam vorwärts in Richtung Zukunft. Diejenigen, die aufgrund von fehlendem Wissen mit den neuen Kommunikationsmethoden nicht gut umgehen können oder etwa aufgrund von fehlendem Interesse nicht umgehen wollen, verlieren den Anschluss an die Gemeinschaft.

Ein weiterer Grund, der uns im Stillstand verharren lässt, sind wir selbst, und wir haben ihn uns ohne jegliche Einflüsse von außen eingebrockt. Das moderne Leben, wie wir es heute vorfinden, ist schlichtweg zu viel für uns. Zu schnell, zu rastlos, zu grenzenlos, zu international – durch die stetig wachsende Mobilisierung von Mensch und Medien stehen wir, selbstbestimmt oder ungewollt, unter einem Dauerbeschuss an Eindrücken, deren Verarbeitung uns aufgrund fehlender Zeit nicht mehr möglich scheint. Neurowissenschaftler sprechen von permanenten Overloads, Biologen argumentieren, dass die permanente Konfrontation mit dem Neuen nicht in unserer Natur liege, und Anthropologen stellten fest, dass die Geschwindigkeit der Entwicklungen in heutiger Zeit zunehmend das menschliche Entscheidungsvermögen übersteigt. Immerhin betrifft dies jeden Einzelnen von uns. Während ein Teil der Menschen sich auf den Weg macht und sich mit den modernen Gegebenheiten arrangiert, Neues kennenlernt und sich innerhalb dieses Prozesses geradezu neu erfindet, entscheiden sich andere für den vermeintlich einfacheren Weg. Sie machen sich nicht auf, um sich selbst neu zu erfinden und darüber hinaus eine moderne Gemeinschaft zu gestalten, sie gehen zurück auf die Suche nach dem Ich und Wir, das sie noch kannten, als das Leben einfacher und langsamer schien.

Es geht um unsere Identität. Nun ist Identität nicht das, was in unserem Personalausweis vermerkt ist. Damit identifiziert man uns. Sie ist vielmehr ein imaginärer sozialer Steckbrief, eine Konstruktion aus Anerkennung und Zugehörigkeit, der Kern, der einen Menschen ausmacht. Sie ist es, was

Menschen verbindet bei aller individueller Verschiedenheit. Sie ist, was uns trotz aller Differenzen vereint. Es gibt unterschiedliche Ebenen und Arten der Identität. Neben der eigenen, individuellen, sozialen Identität sprechen wir von kollektiven Identitäten. So finden wir unsere nationale Identität auf dem Pass. Unsere kulturelle Identität können wir herausfinden, indem wir uns ansehen, wo wir aufgewachsen sind und über lange Zeit hinweg unseren Lebensmittelpunkt haben. Eine weitere Art der Identität ist die ethnische, die stets Gefahr läuft, politisch missbraucht zu werden, und schnell zu Fremdenfeindlichkeit und Rassismus führt. Allein die soziale Identität ist nicht abgrenzend, denn jeder von uns ist Mensch, auf seine individuelle Art und Weise.

Unsere Identität ist elementar, wenn es darum geht, die Zugehörigkeit zu einer Gesellschaft festzustellen. Genau das aber ist aufgrund des modernen Lebens immer schwieriger. Seitdem wir nicht nur wissen, dass die Welt ein Dorf ist, sondern unser Leben auch entsprechend verbringen und gestalten, haben wir uns einer selbst auferlegten Herausforderung für unsere Identität, und nebenbei auch für unsere Toleranz, gestellt. Sieht man sich eine Herde im Tierreich an, die ebenfalls eine Gesellschaft bildet, ist über die Jahre alles beim Alten geblieben. Jeder kennt jeden, und alles ist wie immer. Wir Menschen aber konfrontieren uns und werden täglich mit Neuem konfrontiert. Die Anzahl an Kontakten mit dem Fremden ist exorbitant gestiegen. Mobilität und grenzenlose Kommunikationsmedien ermöglichen uns aktiv das Zusammentreffen mit Unbekanntem. Migration etwa oder der stetig zunehmende Tourismus sorgen für einen permanenten Austausch. Das geht sogar so weit, dass ein elementarer Bestandteil einer nationalen Identität, nämlich die Sprache, schwindet. In Berlin, der Hauptstadt unseres Landes, wird mehr und mehr nicht mehr die Sprache gesprochen, die dem Land zugehörig ist: Deutsch. Wir verlieren zunehmend Teile unserer Identität an die Globalisierung. Internationale Kollaborationen und ein modernes, neues Berufsnomadentum bringen es mit sich, dass wir wieder zurückkehren in eine Zeit, die wir nicht mehr kennen können, weil sie sehr lange zurückliegt: die Phase der Menschheit, bevor wir sesshaft wurden, das Zeitalter, in dem wir weder nationale Identität noch Heimat kannten. Das ist den wenigsten von uns bewusst.

In der Natur kommt ein derartiger permanenter Clash verschiedenster Identitäten unterschiedlicher Ebenen nicht vor. Mehr noch: Es war auch nicht so vorgesehen. Wir tragen archaische Veranlagungen in uns, die wir intuitiv abrufen können, benötigen wir diese. Reflexe gehören ebenso dazu wie emotionale Reaktionen. Eine natürlich verankerte Handlungsweise auf das mobile, dauerhaft Neue jedoch bekamen wir nicht von Geburt an mit. Dafür, und das vergessen wir oft, liegt uns die wundervollste Kraft in den Genen: Wir können lernen und haben das Vermögen, uns zu ändern und an neue Gegebenheiten anzupassen. Ein Teil von uns sieht deshalb in dem heutigen, global vernetzten und permanent neuen Lebensumfeld geringe Probleme. Der Rest gewöhnt sich nur schwer daran und kämpft mit den Konsequenzen: dem Auflösen der bisherigen Identitätsstrukturen.

Jeder von uns braucht Identität, um sich einer Gesellschaft zugehörig zu fühlen. Während Menschen, die viel in der Weltgeschichte umherreisen, vornehmlich ihre soziale und kulturelle Identität pflegen, sich sicher auf dem Parkett der Moderne bewegen und wohl in der Haut des Weltbürgers fühlen, konzentrieren sich die Daheimgebliebenen, die ausschließlich durch passive Mobilität mit dem Fremden konfrontiert werden, auf die nationale Identität. Es beginnt ein Teufelskreis, der beschleunigt, was wir längst empfinden: Je mehr Fremdes nach Hause kommt, umso fremder wird den Menschen ihr eigenes Land. Sie werden intoleranter gegenüber anderen Identitäten, besinnen sich noch stärker auf ihre eigene und beginnen, sich und ihr Umfeld in eine »geschlossene Gesellschaft« zu wandeln. Selbst gegenüber Menschen, die ihnen einst noch vertraut waren, ziehen sie Grenzen: Wer nicht dieselbe, die eine – die richtige – Identität pflegt, gehört nicht mehr dazu. Dabei belegen zahlreiche Beispiele aus vergangenen Zeiten, dass fremde Einflüsse und neue Impulse von außen, die auf eine anpassungsfähige Gemeinschaft trafen, sich als Erfolgsrezept erwiesen. Selbst in der Wirtschaft lässt sich dies feststellen. So kämpfte der Volvo-Konzern jahrelang um die eigene Existenz. Als ein chinesischer Investor sein Interesse bekundete, schrieben Medien dem Traditionshersteller den sicheren Exitus auf die Fahnen. Genau das Gegenteil jedoch geschah: Der neue Einfluss brachte Volvo wieder zu Spitzenergebnissen und neuer Innovationskraft. Innerhalb weniger Jahre wurde nicht nur der Umsatz des Unternehmens verdoppelt. Auch die Anzahl der Mitarbeiter wuchs um das Zweifache. Selbst im kleinen und privaten Bereich geschehen täglich Situationen, die uns vor Augen führen, wie bereichernd und Mut machend neue Reize sein können, allein, wir nehmen sie nicht wahr. Zu groß sind Befürchtungen und Vorurteile derer, die sich vehement gegen einen Wandel und ein Zusammenwachsen stellen, zu ablehnend die Haltung, dass viele Identitäten koexistieren können.

Bei *manomama* arbeiten Menschen aus über 25 verschiedenen Nationen. Vom ersten Tag an waren wir quasi ein kleines Berlin. Immer wieder ernten wir verwunderte, zuweilen ungläubige Blicke, dass dieses *Multi-Kulti* funktioniert. Was niemand sieht, ist der beschwerliche Weg dorthin. Selbst heute ist er noch nicht zu Ende, denn Veränderung ist ein langwieriger, nicht endender Prozess.

Ein weiteres Phänomen gefährdet die innere und äußere Stabilität: lose, zuweilen nicht mehr vorhandene Strukturen und Bündnisse. Verbrachte man vor der Industrialisierung noch den ganzen Tag mit der Familie, weil die Landwirtschaft die Menschen an den eigenen Hof fesselte, verabschieden wir uns heute am Morgen in alle Himmelsrichtungen und treffen uns abends zum Schlafengehen wieder im Haus. Tagsüber befinden wir uns in anderen Gruppen, etwa dem Kollegium oder Arbeitsteam, der Yoga-Gruppe oder dem Turnverein. Wir verlassen also eine Gruppe, verbringen Stunden in anderen und kehren anschließend zurück zur angestammten. Fission-Fusion wird dieses Modell einer Gesellschaft genannt, das unter Primaten weit verbreitet ist. Warum also nicht auch der Mensch? Das Hirn dazu hat er, denn es bedarf aufgrund der Vielzahl an sozialen Wechselbeziehungen schlichtweg einer ordentlichen Portion Schlauheit. Gleichzeitig, so zeigt die Evolution, fördert diese Art der Gesellschaftsstruktur die Intelligenz. Der große Vorteil für uns Menschen, den eine Fission-Fusion-Gesellschaft mit sich bringt, ist die Vielfältigkeit an Reizen aufgrund des größeren Aktionsradius eines Einzelnen. Das schärft die Sinne und fördert unsere Fähigkeiten. Der Nachteil des Systems scheint jedoch darin zu bestehen, dass es den Erhalt unserer Identität erschwert, da dieselben Wechselbeziehungen, die uns wachsen lassen, den Aufbau klarer und eindeutiger Beziehungen behindern.

Wir reagieren auf diese locker-lose Form des Zusammenlebens allerdings schlichtweg unterschiedlich. Die einen sehen es als individuelle Entfaltungsfreiheit, während andere einen fehlenden Rahmen beklagen. Mit dem Wandel in eine Fission-Fusion-Gesellschaft zieht eine Verhaltensweise ein, die unserer bisherigen kulturellen Identität widerspricht: Unverbindlichkeit. Was beispielsweise die Pünktlichkeit betrifft, wird sie uns Deutschen in Großbuchstaben in unsere kulturelle Identität geschrieben. »Fünf Minuten vor der Zeit, ist des Deutschen Pünktlichkeit«, lautet etwa ein Sprichwort. Vergleicht man die Haltung zum Zeitmanagement mit südländischen Menschen, so finden wir dort ebenso die Liebe zur Pünktlichkeit und Verbindlichkeit. Diese jedoch wird deutlich toleranter gehandhabt als in unseren Breitengraden. War es vor einigen Jahren noch verpönt, bei privaten Verabredungen nach einer erteilten Zusage nicht zu erscheinen, melden wir uns heute nicht einmal mehr an, weil wir, im Wissen der vielen Optionen, die es früher nicht gab, bis zuletzt abwarten, ob sich uns noch etwas Besseres bietet. Kommt kein besseres Angebot, sehen wir spontan vorbei, erhielten wir eine attraktivere Einladung, hüllen wir uns weiterhin in Schweigen und feiern woanders. In einem festen gesellschaftlichen Verbund konnten wir uns aus Gründen des guten Zusammenlebens ein derart unsoziales, egoistisches Handeln nicht leisten. Heute jedoch fördert der Wandel unserer Gesellschaft diese Art des Verhaltens, das uns immer mehr zu stören beginnt.

Wenn einer Veränderung von außen keine innere folgt, ist dies Nährboden für Ablehnung. Das gilt auch für unsere Identität. Stellen wir das, was uns auf allen Ebenen der Definition ausmacht, nicht regelmäßig auf den Prüfstand, bleiben wir stehen, und nichts geht mehr vorwärts.

Das Grüppchen-Hüpfen, die horizontale Strukturlosigkeit,

mit der wir, historisch gesehen, erst seit kurzer Zeit umzugehen lernen, wird noch durch eine vertikale verschärft: Gesellschaften weisen seit Beginn der Leistungsgesellschaft zwar
noch Statusebenen, aber keine Struktur mehr auf. Dies zeigt
sich insbesondere an der Veränderung der Elite einer Gesellschaft. Früher war sie schlichtweg von königlichem Blut oder
klerikalen Ursprungs. Selbst Wissenschaftler waren erst dann
im erlauchten Kreis anerkannt, wenn sie denn geadelt wurden. Brillanz im Wissen reichte nicht aus, um der oberen
Ebene anzugehören. Heute zählt allein die Geld- und Wirt-
schaftselite. Die Oberen in unserer Gesellschaft sind längst
nicht mehr von Standes wegen dort angesiedelt, Geld spielt
bei der Elitenbildung nun die Hauptrolle. Das wiederum wird
geerbt oder in der Wirtschaft gemacht. Nun dürften wir uns
einig sein, dass weder Standesdünkel noch Geld ein Garant
für einen Spitzenplatz in unserer Gesellschaft sein sollten,
jedoch sind wir weit von einer echten Demokratisierung der
Elite entfernt. Was einst der Adel, ist heute ersetzt durch den
Finanzadel. Gewitzte Geschäftsmenschen bilden den führen-
den Kreis, in den kluge Köpfe, die gemeinwohlorientiert denken und handeln, nur selten Eintritt erhalten. Obwohl wir
uns über diese Situation echauffieren, tragen wir gleichzeitig
dazu bei. Jeff Bezos, US-amerikanischer Investor und Gründer des Internet-Giganten Amazon, war, so verrät es die Position seiner Person auf der Forbes-Liste, 2017 bis 2019 der
reichste Mann der Welt. Obgleich sein Unternehmen nahezu
täglich Schlagzeilen macht mit schlechten Arbeitsbedingungen, fehlender Bereitschaft, Steuern zu bezahlen, und, jüngs-
ten Meldungen zufolge, Neuware wie Rückläufer rücksichts-
los verschrottet, wächst das Unternehmen jährlich. Wir regen
uns auf – und konsumieren dennoch nicht auf alternativem

Wege. Wir missbilligen den angehäuften Reichtum und den damit verbundenen elitären Einfluss und untermauern diesen im gleichen Atemzug mit jeder Bestellung.

Unterhalb der Elite sieht es mittlerweile immerhin deutlich besser aus als vor hundertfünfzig Jahren: Wer als Kind eines Schusters geboren wird, ist heute nicht mehr verdammt, denselben Beruf des Vaters zu ergreifen. Mit einer guten Ausbildung, Fleiß, inhaltlicher Flexibilität – damit meine ich die Bereitschaft, einer Tätigkeit nachzugehen, die nicht zu 100 Prozent den eigenen Wunschvorstellungen entspricht – und Engagement ist ein Aufstieg in unserer Gesellschaft möglich. Stets unter der Voraussetzung, die eigene Gesundheit ist robust genug und das Quäntchen Glück kommt, wenn es gebraucht wird. Dies veranschauliche ich mir oft an meiner eigenen Geschichte. Obgleich ich keine einfache Kindheit und Jugend hatte, meine Eltern keine Akademiker waren, ich selbst es ebenfalls zu keinem Universitätsabschluss gebracht habe, konnte ich durch sehr viel Leistungsbereitschaft, großen Fleiß und durch das Glück, im richtigen Moment die richtigen Entscheidungen getroffen zu haben, meinen beruflichen Werdegang realisieren. Es ist also möglich, gleichwohl ist es nicht jedem möglich. Diese Erkenntnis macht demütig und dankbar.

Die einst statischen Strukturen unserer Gesellschaft sind aber nicht nur durchlässig geworden, sie scheinen sich in Auflösung zu befinden. War einem gesellschaftlichen Aufstieg noch vor wenigen Jahren eine echte Leistung vorausgegangen, reicht es heute schon aus, ein paar Bildchen in die sozialen Netzwerke zu stellen, um an ein irrationales Maß an Prominenz und Reichtum zu gelangen. Gleichzeitig beginnt unsere Gesellschaft an einer Überakademisierung zu erkranken. Setzt man den deutschen Arbeitsmarkt mit den Zahlen an akademischen Abschlüssen in Beziehung, lassen sich heikle Ausmaße erkennen. Was einst als Garant gegen Arbeitslosigkeit und als gesellschaftliche Aufstiegschance Nummer Eins galt, ein Uniabschluss, ist heute kaum noch etwas wert. Während sich Studierende an überfüllten Hochschulen durch die Gänge quetschen, bleiben zigtausende Lehrstellen unbesetzt. Was sich als Vorteil für viele Aufsteiger bewährte, mutiert nun zu ihrer Bedrohung. Ich kann mich sehr gut an eine schriftliche Bewerbung eines Mannes, Mitte fünfzig, erinnern. Auf dem Papier war er bestens gebildet und verfügte neben reichlicher Berufserfahrung über drei abgeschlossene Studiengänge. In seinem Anschreiben, in dem er sich als Näher bei *manomama* bewarb, stand: »Leider lassen mich meine drei Studienabschlüsse überqualifiziert erscheinen. Da mir niemand bisher die Chance auf einen Karriere-Abstieg einräumte, freue ich mich, mich vielleicht bei Ihnen einbringen zu dürfen.« Das ist ein Resultat der sich auflösenden Strukturen unserer Gesellschaft: Nach oben geht es noch Schritt für Schritt, nach unten hingegen fällt man nur ins Bodenlose.

Es ist eine Legende, dass wir unseres eigenen Glückes Schmied sind. Erfolg und Aufstieg hängen immer auch von zahlreichen äußeren Einflüssen ab. Das Geschlecht spielt nach wie vor eine Rolle, natürlich die Gesundheit und nicht zuletzt der Zufall. Und wenn wir ehrlich sind, üben wir selbst auch häufig einen bremsenden Einfluss aus. Oftmals sind es die eigenen Kollegen auf gleicher Ebene, die das Aufsteigen des Teammitglieds verhindern. Da braucht es nicht einmal mehr eine Elite, die von oben deckelt. Wir verhalten uns in unserer Gesellschaft wie frisch gefangene Krabben im Korb. Auch dort braucht es keinen Deckel. Die erste Krabbe hangelt sich nach oben, und der Rest im Korb hängt sich an die erste – bis alle wieder zurück auf den Boden fallen und das Spiel aufs Neue beginnt. Da herrscht große Bewegung, da wird viel Kraft aufgewendet. Umtriebiger Stillstand in Reinkultur. Ebenso verhalten wir uns in unserem »Korb«, in unserer Gesellschaft. Aus blankem Misstrauen – wir erinnern uns: Die Welt ist voller Idioten – unterstützen wir Menschen in unserem Umfeld nicht auf ihrem Weg nach oben, weil wir, obgleich sie es beteuern, nicht glauben, dass sie uns aus neuer Position die Hände reichen und ebenfalls nach oben bringen. Anstatt gemeinsam eine Räuberleiter zu formieren und dem Ersten hinaufzuhelfen, hängen wir uns an die Beine desjenigen, der schon weiter oben ist, bis die Kraft nachlässt und alle wieder hinunterfallen.

Was nach oben nicht funktioniert, klappt hingegen nach unten ganz wunderbar: der Abstieg. Niemand ergreift das Bein eines Abstürzenden. Zu groß ist die Angst, selbst mit in den Abgrund gerissen zu werden. Allein der Ausblick auf einen möglichen gesellschaftlichen Abstieg und die damit verbundene verminderte Lebensqualität versetzt uns in Dauerstress und raubt uns die Kraft. Die zunehmende Strukturlosigkeit unserer Gesellschaft mündet in einen beständigen Kampf, nach oben, nach unten. Fallen wir und erfahren einen Abstieg, wird es still um uns, denn jeder kämpft seinen eigenen Kampf. Das zersetzt Gesellschaft. Dabei wäre die wirksamste Antwort auf den gesellschaftlichen Zerfall, Menschen nicht fallen zu lassen. Deshalb müssen wir einander stützen und Hilfe leisten.

BEI ERROR HILFT NUR RESET

Hängt sich ein Computer auf, überzieht den Bildschirm ein blauer Farbton oder reagiert er schlichtweg auf keinerlei Kommandos, wissen wir, wie wir verfahren müssen. Wir drücken eine Weile den Ausschaltknopf, bis er sich selbst abschaltet. Funktioniert sogar dieses Manöver nicht mehr, ziehen wir den Stromstecker und hoffen auf eine Besserung nach dem Kaltstart. Kleinere Fehler in einer Software werden mittels eines Updates behoben und größere mithilfe einer neuen Versionsinstallation. Wenn jedoch außerhalb der technischen Umgebung nichts mehr funktioniert, nichts mehr vorangeht und die Welt eh voller Idioten ist, kommt niemand von uns auf die Idee, das ganze System zurückzusetzen. Den Stecker zu ziehen, einen Reset-Knopf zu drücken. Wo sollte der auch sein, der Notknopf für unsere Gesellschaft?

Hätte ich ihn bei *manomama* nicht eingeführt, gäbe es uns nicht mehr. Ich wusste mir schlichtweg nicht anders zu helfen, als alles noch einmal auf Null zu stellen. Wir standen 2015 im Kleinen vor derselben Situation, die wir heute gesamtgesellschaftlich feststellen können. Wir hatten eine Gesellschaft, wir waren nur keine. Der Unmut untereinander war groß, das Misstrauen größer, die Stimmung schlecht, und nichts ging vorwärts. Wie im ganz normalen Leben, könnte man ironisch anmerken. Der größte Trugschluss, dem ich in dieser Zeit aufsaß, war die Annahme, Menschen eint und verbindet ein gemeinsames Ziel. Das aber ist eine Fehleinschätzung. Menschen, die zusammenkommen, um ein gemeinsames Ziel zu erreichen, sind keine Gesellschaft. Sie kooperieren schlichtweg. Nicht mehr und nicht weniger. Es ist ein gegenseitiges Nutznießen, eine Zweckgemeinschaft, kein echtes Füreinandereinstehen. Dazu kann es erst dann kommen, wenn die Aufgabe erledigt oder das Ziel erreicht ist. Bei uns dauerte das Erkennen dieser Tatsache etwas länger, denn der Erfolg unserer gemeinsamen Geschichte hat uns zunächst überrollt.

Unsere Erfolgsgeschichte begann 2013. Für einen ersten großen Kooperationspartner durften wir Taschen fertigen: 175 000 Stück in drei Monaten. Vierzig Menschen kamen zusammen, hatten ein Ziel und arbeiteten Tag und Nacht dafür – und wir erreichten es. Ich feierte jede einzelne und jeden einzelnen meiner Kollegen und Kolleginnen. Sie aber feierten das Ziel. Aber zum Feiern blieb uns in Wahrheit gar keine Muße. Die Geschichte der Tasche sprach sich in kürzester Zeit herum, und wir wuchsen innerhalb von 18 Monaten so schnell, dass uns selbst schwindlig wurde. Es blieb bei der Rasanz der Entwicklung weder Zeit für den Aufbau von Strukturen noch für ein Kennenlernen untereinander. Uns alle, inzwischen rund 150 Menschen, einte die Tasche, die wir mittlerweile für zwei Kooperationspartner fertigten. Es gab Arbeit, Arbeit, Arbeit. Eben genau das kostbare Gut, das allen meiner Ladys und Gentlemen so lange verwehrt blieb. Wir konzentrierten uns ausschließlich darauf, die wöchentlichen Bestellungen abzuarbeiten. Für anderes blieb keine Zeit.

Dann aber geschah etwas, was mich damals in Schockstarre versetzte und worüber ich heute mehr als dankbar bin. Ohne dass wir vorab informiert worden wären, verloren wir einen Großteil des Produktionsvolumens bei einem Kunden, da sich das neue Management für eine zweite, asiatische Bezugs-

quelle entschieden hatte. Ich hingegen hatte für diese Kooperation über einhundert Menschen eingestellt. Die wiederum
erfuhren von dieser Entwicklung aus der Presse. Mich hat am
Abend zuvor eine Mail einer Bloggerin erreicht. Hierin informierte sie mich, dass sie eine Tasche erworben habe, die dem
Modell von *manomama* exakt gleicht, jedoch in einem anderen Herkunftsland produziert würde. Als ich am Morgen darauf in die Näherei kam, fröstelte es mich. Reihenweise blickte
ich in blasse Gesichter, mit tief gesunkenem Kopf versteckten
sich die Leute hinter ihren Nähmaschinen, tuschelten hinter
vorgehaltener Hand, während ich vorbeilief, und wendeten
sich ab. Als ich schon fast die ganze Halle durchquert hatte,
nahm eine der Damen all ihren Mut zusammen und rief laut:
»Du hast versprochen, wir können hier bis zur Rente und länger bleiben! Und jetzt? Jetzt ist alles zu Ende!«

»Nein«, antwortete ich. »Ladys! Das ist für mich auch eine
neue Situation, Bitte gebt mir Zeit.«

»Zeit? Was soll Zeit schon bringen?«. Mehrere Damen
schüttelten mit dem Kopf.

»Wir müssen jetzt zusammenhalten!«, entgegnete ich.

»Was soll uns denn zusammenhalten, wenn keine Arbeit
da ist? Hier macht doch jeder, was er will! Und niemand will
mit dem anderen!«, schallte es durch die Halle.

»Bitte gebt mir eine Woche, Ladys! Vertraut mir. Niemand
muss gehen«, versuchte ich Ruhe in die Menge zu bringen. Es
gelang mir. Und uns gelang es, dass alle an ihrem Platz bleiben konnten, weil wir von diesem Moment an begonnen haben, aus unserer Zweckgemeinschaft eine echte Gesellschaft
zu machen. Das ist auch Arbeit. Harte Arbeit.

Am selben Tag noch, einem Freitag, legte ich mir einen
Schlachtplan zurecht. Zunächst klärte ich mit dem Koopera-

tionspartner die Situation, anschließend begab ich mich auf die Suche nach weiteren Partnern für unsere Taschen. Das erste große Problem, das sich in dieser Zeit zeigte, ließ mir überhaupt keine andere Chance: Ein Großteil der Näherinnen weigerte sich beharrlich, etwas anderes als Taschen zu nähen. Das war aber keine Sturheit, schon gar nicht Obstruktion. Viele meiner Ladys bekamen ein Leben lang attestiert, sie wären zu nichts nutze. Dieses verachtende Verhalten aus der Wirtschaft hinterlässt tiefe Spuren in einem Menschen. Je länger er vom Arbeitsmarkt ausgeschlossen war, umso schwieriger ist es, ihm erneut Selbstvertrauen und Selbstbewusstsein zu vermitteln. Irgendwann glaubt der Betroffene selbst, was ihm permanent vorgeworfen wird: unfähig und träge zu sein. Bei *manomama* haben sie in kurzer Zeit wieder das Gefühl bekommen, etwas zu können. Viele von ihnen hatten sich unheimlich angestrengt, genau den Handgriff an exakt dieser Tasche zu erlernen. Darauf baute ihr gesamtes Vertrauen. Änderte sich minimal etwas an der Konstellation, stellten sich umgehend das Gefühl der Unsicherheit und erneute Selbstzweifel ein.

Als ich wenige Wochen später zwei neue Kunden präsentierte, ging das Dilemma weiter: Derselbe Großteil der Damen, der sich weigerte, etwas anderes als Taschen zu nähen, zeigte ebenso wenig Interesse, Beutel für einen anderen Kunden herzustellen. Daraufhin begann das große Horten der Lieblingsarbeit. Während die einen bereit waren, neue Taschenmodelle zu fertigen, bunkerte die Mehrheit Schnittteile der gewohnten Arbeit unter ihren Tischen, auf ihrer Maschine, neben ihren Stühlen. Stück für Stück zersetzte sich unsere Zweckgemeinschaft selbst. Durch das, was sie begründete: Arbeit.

Meine Antwort auf die ungerechte Verteilung war ein kontrolliertes Austeilen der Menge. Dies wiederum wurde mit einem erhöhten Krankenstand gekontert. Als ich manche Kollegen auf ihr unkollegiales Verhalten ansprach, nachdem ich die Gesundheitssituation eine Weile analysierte und sich klare Muster feststellen ließen, war ich vollends desillusioniert. »Schmeiß mich doch raus, aber dann schreib ich was ins Facebook!«, sagte man mir. Oder: »Ich bin eingestellt für die Tasche, nicht für jene!« Die Skala angeführt hatte die Aussage einer Dame, die ihre Absenzen für völlig legitim erachtete. »Ich bin wenigstens nur weg, wenn wir das kleine Modell nähen. Anderen wird oft mittags spontan schlecht. Die bedienen dann im Café. Und dann gibt es Leute, die sind vier Wochen weg. Angeblich mit Sehnenscheidenentzündung. In Wahrheit aber nähen die beim Gardinenladen als Urlaubsvertretung und kassieren doppelt. Tja, und dann gibt es noch eine, die 'ne Boutique für Kindermoden besitzt. Die ist immer Dienstag und Donnerstag vormittags krank. Da hat sie nämlich offen!« Völlig entrückt beendete ich das Gespräch. Ich wollte und konnte nicht glauben, was mir zugetragen wurde. Kurze Zeit später musste ich es hinnehmen, denn ich ging den Ausführungen nach. Alle drei Behauptungen bewahrheiteten sich. Mir war einfach zum Heulen. Was so wunderbar und motiviert begann, schien sich in ein Fiasko zu verwandeln. Hätte mich zu diesem Zeitpunkt jemand gefragt, ob ich *manomama* verkaufen wollte, wäre meine Antwort ebenfalls »Nein« gewesen. Ich hätte es verschenkt.

Immer, wenn man nicht mehr weiterweiß, bestehen drei Möglichkeiten. Die erste, den Kopf in den Sand zu stecken und zu warten, was passiert, ist nicht meine Art. Familie und Freunde um Rat zu bitten, schloss ich aus. Schließlich waren sie von Anbeginn nicht überzeugt, dass eine Idee wie *mano-mama* funktionieren könnte. Also entschied ich mich für die dritte Möglichkeit: Ein Zufall muss her. Und er kam. Ich ging morgens, wie immer, durch die Nähhalle in mein Büro. Auf der Hälfte des Wegs hielt ich inne. Irgendetwas war anders als sonst. Ich drehte mich kurz um, blickte einzelne Ladys direkt an, nickte kurz zum »Guten Morgen« und ging weiter. Dann fiel es mir wie Schuppen von den Augen: Die Sitzordnung war eine andere. Zwar gab und gibt es bei uns in der Produktion keinen Belegplan für die jeweiligen Plätze, jedoch hat sich nach den ersten Wochen bereits herauskristallisiert, wo sich jeder Einzelne am wohlsten fühlte. Die einen lieber am Fenster, die anderen mehr im Inneren des Raums. Die Jüngeren liebten die alten Maschinen, und die Älteren bevorzugten die neuen. An diesem Tag jedoch war die Platzverteilung anders. Zumindest an einigen Bändern. So nennen wir in der Textilbranche unsere langen Tische, an denen rechts und links Nähmaschinen aufgereiht sind.

Um den Hintergrund zu erfahren, warum sich einige Damen umgesetzt hatten, ging ich kurzerhand einige Meter zurück und bog ab in den Gang zu unseren Taschenumdrehern. Sie sind das Bindeglied zwischen den Overlock-Näherinnen, die den Beutel zusammennähen, und den Steppern, die Henkel und Saum an die fertige Tasche machen. Damit dies erfolgen kann, muss zwischen beiden Arbeitsgängen das Gut umgedreht werden. Das macht Monika mit ihrem Team. Weil sie mitten in der Halle sitzen, bekommen sie immer alles mit. Außerdem ist Monika eine meiner längsten Kolleginnen, und wir sind stets offen zueinander.

»Morgen, Moni!«, sagte ich

»Morgen, Sina!«, antwortete sie.

»Du, Frage: Was ist hier los? Warum haben sich die Ladys um …«. Ich konnte meinen Satz nicht beenden, denn Monika unterbrach mich.

»Du meinst das deutsche Band?«, fragte sie mich.

»Das was?«, fragte ich verwundert. Nicht, um mich zu vergewissern, was ich eben zu hören bekam. Es war klar und deutlich. Ich verstand es trotzdem nicht. Außerdem benötigte ich einen Moment Zeit, um das Gehörte zu verdauen.

»Ja«, sagte Monika. »Wir nennen es neuerdings das deutsche Band. Auf einmal haben sie die Asiaten und Türkinnen weggesetzt und sich zusammengetan.«

Ich stand fassungslos vor Monika, und ich bemerkte, wie in mir die Wut, die Enttäuschung, kurzum der gesamte angestaute Seelenmief der vergangenen Wochen hochstieg und mir den Blutdruck in neue Höhen trieb. Ich ging zu einer asiatischen Kollegin, die vorher noch am deutschen Band für internationalen Flair gesorgt hatte, und fragte sie nach dem Grund ihres Umzugs. Ihre Antwort war Schweigen. Ich nickte kurz, drehte mich um und ging lauten Schrittes ans deutsche Band. Da platzte mir schließlich der Kragen.

»Zwei Jahre sind eure ausländischen Kollegen gut genug, um in eurer Nähe zu arbeiten, und auf einmal meint ihr, euch hier abschotten zu müssen? Ja, habt ihr denn noch alle Tassen im Schrank?«, schrie ich rund um den Tisch, um mir bei allem Summen der Maschinen ausreichend Gehör zu verschaffen. Niemand blickte nach oben. Ebenso keiner zu mir. Davon jedoch ließ ich mich nicht beirren.

»Ich gehe jetzt exakt für 15 Minuten in mein Büro und komme dann zurück. Dann sitzt jeder wieder dort, wo er hingehört!« Eine Viertelstunde später hatte der Spuk ein Ende. Gleichzeitig war mir klar, dass das erneute Umsetzen nicht vollzogen wurde, weil etwa Einsicht für das fehlerhafte Verhalten eingezogen wäre. Vielmehr geschah die Änderung aufgrund meiner Anordnung. Wie dauerhaft und wirkungsvoll Befehle von oben sind, ist hinlänglich bekannt. Mir war bewusst, dass dies nur das Wiederherstellen einer äußerlichen Ordnung darstellte, innerlich waren wir allesamt ein Haufen Kraut und Rüben. Mit viel Arbeit.

Ja, wir alle hatten eine Menge zu tun, und *manomama* war unser Arbeitgeber. Wir trafen uns morgendlich zur Zweckgemeinschaft, um mit vereinten Kräften das tägliche und übergeordnete Ziel zu erreichen. Uns aber fehlte das Verbindende: Identität, Struktur und eine gemeinsame Wertebasis. Was uns abging, war der gemeinschaftliche Halt, der auch dann noch spürbar sein sollte, wenn das Pensum an Arbeit sich verringerte. Was hält uns fernab der Arbeit zusammen? Was macht aus unserer Zweckgemeinschaft eine echte Gesellschaft? Wie schaffen wir es, eigennützige Bündnisse zu ehrlicher Solidarität zu wandeln? In zahlreichen Unternehmen beschäftigt man sich mit dem Pflegen und Hegen einer firmeninternen Unternehmenskultur. Das wäre in unserem Fall bereits drei Schritte zu weit gewesen. Meine Aufgabe bei *manomama* war, ein solidarisches Miteinander einzuführen und jeden Einzelnen dabei zu begleiten, dass er ankommt, wo jeder von uns sein möchte: sicher verankert und geborgen im Schoß einer intakten Gesellschaft.

Die darauffolgende Zeit verbrachte ich mit unzähligen Gesprächen. Ich unterhielt mich, einzeln oder zu mehreren, mit meinen Ladys und Gentlemen und versuchte herauszufinden, was ihnen an einer Gemeinschaft wichtig ist, welche Anforderungen sie an ein Miteinander stellen. Um ehrlich zu sein: Mir blieb gar nichts anderes übrig, als nachzuforschen.

Was mich betrifft, hatte ich selbst keine echte Idee, wie Gemeinschaft neben dem Beruflichen aussehen könnte. Mein gesamtes Leben bestand bis dahin aus Arbeit. Tagein, tagaus. Auch ich hatte keine wirkliche Vorstellung, was uns fehlte. Ich wusste nur, dass uns etwas fehlte.

So fragte ich nach ihren Wünschen, wie ich es einst getan hatte, als es um die Struktur unseres Arbeitsumfelds ging. Als wir dieses ausgestalteten, sprudelte es aus meinen Kolleginnen und Kollegen nur so heraus. So entstand für einen Produktionsbetrieb eine ziemlich ungewöhnliche Struktur. Völlig unüblich und für herkömmliche industrielle Produktionsplaner undenkbar, ist ein sehr flexibles System entstanden, das jedem Einzelnen die Möglichkeit schafft, Arbeit um die eigene Familie zu organisieren – und nicht umgekehrt. Dies ließ sich nicht ohne Regeln realisieren: So entschieden wir, dass bei einer möglichen Doppelbelegung einer Maschine die Person zum Zug kommt, die den gewählten Zeitpunkt der Arbeit (oder des Urlaubs) eher benötigt. Junge Mütter mit Kindern im Kindergarten- oder Grundschulalter bevorzugt diese Regel. Was eine Weile mit großem Gemecker begleitet wurde, manche formulierten gar den Vorwurf der Altersdiskriminierung, ist heute bei uns etabliert und sorgt für keinerlei Diskussionsstoff mehr. Dies beruht darauf, dass sich der ursprünglich verspürte Ärger derer, die bei dieser Regel das Nachsehen haben, in Verständnis wandelte. »Erst fand ich das unmöglich, schließlich kann ich nichts dafür, dass ich schon älter bin«, sagte mir Rosi einst. »Jetzt aber finde ich, dass es genau richtig ist. Ich hätte auch gern so eine Lösung gehabt, als ich kleine Kinder hatte!«

Über die flexible tägliche Arbeitszeit hinaus kann jeder bei *manomama* nach seinem Ermessen die Regelarbeitszeit verändern. Die Möglichkeit der individuellen Zeitanpassung kristallisierte sich als eine sehr wichtige heraus, und viele nehmen sie wahr. Immer noch ist Pflegearbeit, neudeutsch Care Work, eine Tätigkeit in unserer Gesellschaft, die zu großen Teilen von Frauen bestritten wird. Oftmals müssen sie ihre Erwerbstätigkeit kündigen, wenn etwa ein Familienmitglied zum Pflegefall wird. Durch die Flexibilisierung der generellen Arbeitszeit gelang es uns, dass meine Ladys ihren Job nicht mehr an den Nagel hängen müssen, wartet zu Hause einmal eine wichtige und anstrengende Aufgabe. Diese Freiheit fordert gleichzeitig ein großes Maß an Rücksicht aller, denn das Team muss abfangen, was liegen bleibt.

Dieselbe Situation herrscht für den Rest des Teams, wenn jemand länger krank ist. Ich kann mich gut erinnern, dass ich den damals formulierten Wunsch der Ladys, nicht gekündigt zu werden, wenn man krank sein sollte, nicht nachvollziehen konnte. Krankheit war und ist für mich niemals ein Grund für eine geschäftliche Trennung gewesen, sondern stets Aufforderung zu Hilfe und Verständnis. Und so halten wir das bis heute, dass wir Menschen aus unseren Reihen auch bei Krankheit begleiten. Manche sind seit Jahren krank, und die Chancen auf eine Rückkehr ins Erwerbsleben stehen nicht besonders gut. Trotzdem bleiben sie Teil unserer Gemeinschaft, so lange sie möchten.

Das alles und viele weitere Besonderheiten, die unser Zusammenarbeiten ausmachen und so wunderbar funktionieren, ließen mich trügerisch annehmen, dass wir eine echte Gemeinschaft wären. Davon jedoch waren wir meilenweit entfernt, und so befragte ich eben meine Kolleginnen und Kollegen nach ihren Wünschen. Die Antworten kamen, wenn überhaupt, zunächst zaghaft. Kaum verwunderlich, dass es sich dabei ausschließlich um Verbesserungsvorschläge für den betrieblichen Ablauf handelte, um Ideen für eine einfachere Organisation der Arbeit oder den Wunsch nach zwei Kühlschränken und einer Mikrowelle für den Aufenthaltsraum.

»Warum kannst du mir sagen, was du dir für deinen Arbeitsplatz wünschst, aber nicht, was dir wichtig ist an einer Gemeinschaft?«, entwickelte sich zu meiner Standardfrage in vielen Gesprächen. Ich erhielt die unterschiedlichsten Antworten, die im Kern jedoch allesamt dasselbe verrieten: Es war ihnen fremd, sich Gedanken darüber zu machen, was eine Gesellschaft auszeichnet. Zu lange waren sie außen vor. »Wenn du glaubst, als Hartz-IV-Empfänger ist man unterste Schublade in unserer Gesellschaft, liegst du falsch, Sina. Das sind die Leiharbeiter mittlerweile. Wir gehörten überhaupt nicht mehr dazu«, sagte mir meine Kollegin Moni. »Und wieso soll man sich für andere was wünschen? Ich muss mich um mich selbst kümmern und schauen, dass ich über die Runden komme! So ist das, wenn man vom Staat leben muss!«, setzte sie nach.

Die Schilderungen meiner Ladys zeigten mir mein sinnloses Unterfangen auf. Ich befragte Menschen, die eine lange Zeit, manche sogar über Jahrzehnte, außerhalb unserer Gesellschaft allein und ohne Hilfe um ihre Existenz gekämpft haben, nach ihren Wünschen. Folglich war klar, dass ihre Vorstellungen allein um die Arbeit kreisten. Das kostbare Gut, das Allheilmittel, das in einer Leistungsgesellschaft Währung ist und Teilhabe ermöglicht. Dennoch ließ ich nicht locker, denn Monika brachte mich auf eine Idee. Eine kurze Erklärung, die nebenbei von ihr fiel, war in etwa folgende: »Du kannst mich doch nicht nach Wünschen für etwas fragen, was ich nicht kenne. Zum Wünschen muss ich doch wissen, was es gibt. Das ist wie in einem Spielwarenladen. Vorher guckt man sich den Prospekt an und macht die Kreuzchen bei dem, was man gerne hätte. Die Eltern gehen dann an Weihnachten in den Laden, und dann wird der Wunsch, wenn man es finanziell machen kann, erfüllt.«

Daran also scheiterte meine Fragestellung: Es fehlte schlichtweg an der Vorstellungskraft, was eine echte Gemeinschaft alles leisten könnte. Es war schlichtweg zu abstrakt, nicht greifbar, zu theoretisch für meine Gegenüber. Kurzerhand entschied ich mich für den Umkehrschluss: Wer mangels Wissen keine Wünsche formulieren kann, wird doch wohl in der Lage sein, mir zu erzählen, was ihn stört am Bekannten. Ich wollte nun also wissen, was jedem Einzelnen fehlt. An den anderen, nicht im Aufenthaltsraum. Diesmal jedoch holte ich mir die Antworten nur in Einzelgesprächen in ruhigen Momenten ein, in einem vertrauten und sicheren Umfeld. Es funktionierte. Unter vier Augen hangelten wir uns von trivialen Sachen, die fehlten, zu Themen, die mich zuversichtlich werden ließen. Denn wer den Mangel kennt, kann ihn beheben. Und bei uns mangelte es an vielem. Am meisten am gegenseitigen Respekt.

Ganz konkret erzählten mir meine Ladys, wie diese Empfindung zustande kam: Es war eine Mischung aus Unkenntnis anderer Kulturen und Identitäten und dem eigenen, durch jahrelange Entbehrung angewöhnten Egoismus. Sie alle beklagten, es würde zu wenig Rücksicht auf die individuellen Belange eines Einzelnen genommen. Natürlich abgesehen von unseren Regeln, die unsere Zusammenarbeit gestalteten. Fernab davon herrschte jedoch »null Respekt«, jeder meinte, die Kollegen wären kritisch gegenüber allem und jedem, ob Kopftuch oder dunkle Hautfarbe, ob kleinwüchsig oder taubstumm. Darüber hinaus musste ich feststellen, dass untereinander zwar wunderbar gemeckert wurde, ein Lob hingegen fast nie über die Lippen kam. Das Phänomen der »Stillen Post« entpuppte sich als Meldeinstitution für Schreckensnachrichten, die gar nicht existierten. »Das funktioniert so, dass eine der Ladys, die dir auf Twitter folgen, irgendetwas von dir liest. Manchmal schreibst du ja so philosophische Sätze da rein. Die gelangen am nächsten Morgen zu uns. Mit einer konkreten Ausdeutung. Wenn du zum Beispiel twitterst, dass weniger mehr ist, landet das als Ankündigung für eine Massenentlassung in unseren Reihen«, erklärte mir Gerda, eine meiner engsten Vertrauten.

»Das ist ja völlig bescheuert«, entgegnete ich. »Das sind ja Fakenews, Falschinformationen, blödes Geschwätz. Wieso fragt mich keiner, was ich mir dabei dachte, wenn ich etwas ins Netz schreibe?«

»Weil diejenigen, die es lesen, der Meinung sind, zu wissen, was dahintersteckt. Dann scheuchen sie das ganze Team auf, und der Rest, der nur noch einen Bruchteil von der eigentlichen Falschnachricht mitbekam, denkt sich die Lücken voll und sagt auch nichts. Schließlich nehmen sie an, dass diejenige, die die Nachricht in den Raum warf, dies nur macht, weil sie genau darüber Bescheid weiß«, fuhr Gerda fort.

Je länger ich die Gespräche mit meinen Ladys und Gentlemen führte, umso detaillierter wurde mein Bild von dem, was ist, und der Vorstellung, wie es sein müsste. Am Ende hatte ich einen ordentlichen Stapel Notizen, den ich akribisch durcharbeitete. Daraus entstand ein Dokument, das immer noch an vielen Säulen in unserer Näherei hängt. Gäste, die unserer Produktion einen Besuch abstatten und zufällig einen dieser Zettel entdecken, stehen oft eine Weile davor, um anschließend zu bitten, ein Foto davon schießen zu dürfen. Als ich vor fünf Jahren die Näherei mit den Aushängen geradezu pflasterte, gab es keine große Versammlung und keine spezielle Ansprache von meiner Seite. Über zwei Dinge war ich mir so sicher wie bei der Auflösung des deutschen Bands: Anordnungen von oben sind nur von kurzfristigem Erfolg gekrönt. Darüber hinaus müssen Veränderungen dem inneren Verlangen entspringen. Es muss eine Sehnsucht danach gedeihen, was die Veränderung als Ergebnis beschert. Dann klappt ein Wandel.

Das ist übrigens oft der Grund, warum wir nicht vorankommen, weder gesellschaftlich noch wirtschaftlich. Das beste Beispiel sind, um in der Textilbranche zu bleiben, Zertifikate. Würde der Wunsch einer ehrlichen Verbesserung der Lieferkette aus dem Inneren eines Managers kommen, wäre die Situation für Millionen von Beschäftigten in der textilen Produktion auf der ganzen Welt, die nach wie vor ein unwürdiges Leben führen, deutlich besser. Geschieht eine Überlegung für eine Optimierung von innen und aufrichtig, kommt man schnell zu der Erkenntnis, niemand einer Situation aussetzen zu wollen, in der man selbst nicht sein möchte. »Was du nicht willst, dass man dir tut, das füge auch keinem anderen zu«, heißt das alte Sprichwort, das als grundlegendes Leitmotiv für verantwortliches Handeln dienen kann. Seit Gründung von *manomama* halte ich mich daran, unabhängig davon, ob es mein direktes Umfeld betrifft oder unsere afrikanischen Baumwollbauern, mit denen wir kooperieren. Immer schon schloss ich Kontrakte mit Menschen, nie wegen eines Preisvorteils oder eines Siegels.

Weil Wirtschaftsverantwortliche jedoch aufgrund der Ausprägung unseres Wirtschaftssystems permanent einen Druck von außen erfahren, etwa Preisvorstellungen der Konsumenten, Umsatzerwartungen der Vorstände bis hin zu Gewinnaussichten der Shareholder, erhält selbst die kleinste innerliche Bestrebung keinen Platz zur Entfaltung. Gut, dass hierfür ein Instrument gefunden wurde: das Zertifikat. Es gibt einen verbesserten Rahmen. Zwar sind Zertifikate stets der kleinste gemeinsame Nenner einer großen Industrie, in erster Linie lukrativ für Zertifizierte und nur wenig wirkungsvoll für Betroffene. Aber immerhin gestalten sie die Bedingungen für Arbeiter und Beteiligte der Wertschöpfung in der jeweiligen Branche minimal besser. An diesen Rahmen hält man sich, obgleich jeder weiß, dass es längst nicht ausreicht. Eine weitere Anstrengung wird nicht in Erwägung gezogen, denn die Optimierung ist besiegelt – und also gut. Im Grunde entbindet dieser Mechanismus die Firmen, ehrliche Verantwortung zu übernehmen. Das Papier allein ist Handlungsgrundlage.

Aufgrund dieser Erfahrungen entschied ich mich gegen die Vorgabe eines exakten Rahmens mit Dos und Donts. Ich vertrat die Ansicht, jeder Einzelne muss für sich selbst einen Weg entdecken, den er gehen kann und der gleichzeitig andere anregt, diesen mitzugehen. An nahezu jede Säule in unseren Räumen klebte ich die Liste und ging wortlos weiter, während sich hinter mir Neugierige um die Aushänge scharten. Heute sehe ich nur noch selten eine oder einen meiner Kolleginnen und Kollegen vor dem Aushang stehen. Gelegentlich kommt es vor, dass eine die andere am Arm packt, zu einer Säule zerrt und vehement auf einen bestimmten der neun Punkte klopft. Eben jenen, der in Erinnerung gerufen werden soll. Auf der Liste stand und steht nicht mehr, als es braucht, um aus einem Zweckbündnis eine echte Gemeinschaft werden zu lassen.

Wir traten den Weg an, uns neu zu finden und brachten *manomama* noch einmal auf die Welt. Ein Sprichwort sagt: Wer auszieht und sich selbst auf die Welt bringt, schafft sich Heimat. Das gelang uns.

Unsere Regeln für- und miteinander:

1. Wir sind alle gleich,
2. Wir haben eine MitsprachePFLICHT.
3. Wenn mir etwas nicht gefällt, sage ich es.
4. Ich respektiere meine Kollegen und verunsichere sie nicht durch Beleidigungen, Gerüchte und Geschwätz.
5. Wir sind ehrlich miteinander.
6. Wir helfen einander.
7. Wir halten zueinander.
8. Wir gehen respektvoll mit Material und Maschinen um.
9. Wir sind manomama.

DIE LISTE:
WAS UNS ZUSAMMENHÄLT

Wir sind alle gleich.

Auch wenn wir weit entfernt voneinander sind, ist Menschlichkeit, was uns eint.

Wir bemerken und spüren, dass sich unsere Gesellschaft im Zerfall befindet. Mittlerweile bestätigen Studien, was wir längst fühlen: Durch unsere Gemeinschaft ziehen mehr und mehr Risse, die sich langsam, aber konstant zu unüberwindbaren Gräben erweitern. Zwei rasante Veränderungen befeuern die dramatische Entwicklung. Die Globalisierung, die einst eine große Chance für die gesamte Weltgemeinschaft war, mutiert nun aufgrund ihres ungezügelten Wachstums und den damit verbundenen negativen Nebenwirkungen, etwa dem Raubbau an Ressourcen und die nach wie vor ungebrochene, steigende Ausbeutung von Menschen durch Menschen, zum echten Risiko. Dass die ewige Verlagerung von Arbeitsplätzen in noch billigere Länder, das permanente Weiterziehen der ökonomischen Karawane irgendwann wieder dort endet, wo begonnen wurde, wäre abzusehen gewesen. Wer immerzu gen Osten zieht, kommt im Westen irgendwann wieder an.

Noch rasanter verläuft eine zweite Entwicklung, die unseren Arbeitsmarkt und unsere Lebenswelt massiv verändert und zur echten Bedrohung wird: die Digitalisierung. Während die gesteigerte Internationalisierung bereits in den vergangen Jahrzehnten Gesellschaften vor die Aufgabe stellte, sowohl die Arbeits- als auch die Lebenswelt den globalen Veränderungen anzupassen, scheint mit der Digitalisierung unsere Möglichkeit der Anpassung langsam erschöpft. Was zu Beginn einer jeden Fortentwicklung als faszinierend und modern empfunden wird, überfordert uns mittlerweile. Mit der Rasanz des digitalen Fortschritts können immer weniger Schritt halten. Das Verstehen der neuen Technologie wächst zu langsam, wodurch auch die Akzeptanz für die Entwicklung abnimmt. So mehren sich Stimmen, die den Weg in die Digitalisierung für falsch halten. Einzelne haben sich gar einem technologischen Boykott verschrieben. Ebenso verhält es sich mit der Globalisierung. Das Resultat ist, dass sich Menschen zu immer kleineren Gruppen zusammenfinden, um ihre Partial-Interessen zu hegen. Dabei schotten sie sich gleichzeitig vom Rest ab. So wird aus der Idee einer kraftvollen Gesellschaft ein fragiles Gruppen-Potpourri.

Das traurigste Beispiel für diese Entwicklung ist der derzeitige Zustand der EU. Als grenzenlose Gemeinschaft aus den Angeln gehoben, kämpft sie heute gegen nationalen Eigensinn und damit um ihre Existenz. Und das Abschotten geht auch national weiter: Norditalien wäre gern ohne den Süden, Katalonen und Basken pochen auf ihre Eigenständigkeit. Schottland möchte Great Britain smaller machen, und im Westen Deutschlands hegt man längst Gedanken, Teile des Ostens wieder loszuwerden. Die wiederum, zumindest knapp ein Viertel der Wähler in Sachsen, Thüringen und Brandenburg, möchten keine Geflüchteten und Ausländer mehr in ihrer Region sehen. Und in einer kleinen Einheit wie *manomama* fanden alle die jeweils anderen komisch. Anstatt herauszufinden, was uns eint, sind wir bestrebt, uns anderer Menschen, die nicht exakt dasselbe Interesse wie wir selbst pflegen, zu entledigen, indem wir uns abschotten.

Nun kann man, als einfachste Gegenmaßnahme in Sachen Verfall, an das Gemeinwohl appellieren oder eine neue Art des Zusammenhalts propagieren. Das tun unsere Politiker gern in regelmäßigen Abständen. Allein das Appell-Protokoll der Bundeskanzlerin Angela Merkel im Jahre 2019 ist beachtlich. Es begann mit der Neujahrsansprache, in der sie zum Jahreswechsel mehr Zusammenhalt einforderte, und endete mit der Jahresansprache des nächsten Jahreswechsels, in der sie ebenfalls ein Plädoyer für mehr Zusammenhalt hielt. Dazwischen würdigte Merkel nahezu jeden Monat bei jedweder Gelegenheit den Zusammenhalt und die Toleranz. Wo auch immer sie sprach, ob beim 70. Geburtstag des DGB oder dem 10. Jubiläum der Generationenbrücke – Zusammenhalt war und ist das Thema der Kanzlerin. Ob jedoch bei einer bereits grundlegend negativen Einstellung gegenüber der Gesellschaft solche Appelle überhaupt nur Gehör finden, darf bezweifelt werden. Aus Angst vor sozialem Abstieg, aus Furcht vor Verlust des eigenen Wohlstands und im Kampf um eine gerecht empfundene Verteilung der Güter sehen sich die wenigsten in der Lage, an das nur mehr beschworene Gemeinwesen zu denken. Zumal, wie man bei *manomama* anfänglich erkennen konnte, die Frage geklärt werden muss, ob wir überhaupt noch wissen, was Zusammenhalt ist.

Wir alle sind aufgewachsen und sozialisiert in einer Leistungsgesellschaft, in der wir gelernt haben, dass Arbeit ein verbindender Faktor ist. Deshalb glauben wir, unsere Gesellschaft erfährt dann einen Zusammenhalt, wenn wir miteinander kooperieren. Wenn wir gemeinschaftlich etwas auf die

Beine stellen und im Team das Tagesziel erreichen. Wer hingegen keiner Erwerbstätigkeit nachgehen kann und Sozialleistungen beziehen muss, ist davon ausgeschlossen und erfährt somit auch keinen Zusammenhalt. Diese Menschen zu etwas aufzurufen, das ihnen aufgrund fehlender Erfahrung unbekannt ist, ist gleichzusetzen mit meiner Kollegen-Befragung nach den Wünschen an eine Gesellschaft, die sie ja gar nicht kennen, weil sie nie an ihr partizipieren konnten. Wenn sich aber nun das einende Element, das Zusammen-Arbeiten, radikal wandelt, reduziert oder ausbleibt, wird es immer mehr Gruppen loser Menschen ohne Ordnung und Struktur geben. Zusammenhalt: Fehlanzeige. Als ich dies bei *manomama* miterleben musste, wurde mir klar, dass Arbeit nicht der Grund echten Zusammenhalts sein kann und darf. Belassen wir es in Zukunft dabei, den Zusammenhalt mit Kooperation zu verwechseln, ist das das sichere Ende unserer Gesellschaft.

Wir kennen die Faktoren, die unsere Gesellschaft auseinanderdriften lassen, und wissen um das Gegenmittel. Für mich zeigt sich Zusammenhalt, wie auch Toleranz und Mitgefühl, in Handlungen und Haltungen gegenüber Mitmenschen, mit denen ich mich verbunden fühle. Wenn wir also eine Handlung einfordern, müssen wir wissen, was dieser zugrunde liegt. Was eint uns, das Haltung erfordert und Handlung ermöglicht? Betrachten wir die Zusammenarbeit, sind es ein gemeinsames Ziel und ein individueller Nutzen, die sie fördern. Kooperation ist jedoch nichts, was Gesellschaften dauerhaft zusammenhält. Erst Identität vermittelt uns das Gefühl, einer Gruppe zugehörig zu sein. Je stärker die Identität ausgeprägt ist, umso größer ist die Wahrscheinlichkeit, die verinnerlichte Haltung durch Handlungen zu zeigen. Wir bringen ein deutlich höheres Maß an Toleranz und Mitgefühl für die eigene Familie und den engsten Freundeskreis auf als für entfernte Verwandte oder die Bewohner Garmisch-Partenkirchens. Blut ist dicker als Wasser, weiß man seit Jahrhunderten, und der Zusammenhalt so geradezu vorprogrammiert.

Wenn wir die Idee der Identität als Basis für Zusammenhalt einmal gedanklich durchgehen, werden wir sehr schnell bemerken, dass sie nicht mehr funktioniert. Unsere sich zersetzende Gesellschaft leidet schlichtweg an der Identitätskrise seiner Teilhaber. Diese teilen sich mittlerweile, grob gesagt, in zwei Gruppen: die der »Always-There«-Menschen einerseits und der »New-In«-Menschen andererseits. Wer nun vermutet, dass es sich dabei um den Konflikt von Einheimischen und Zugewanderten handelt, sitzt genau den alten Denkmustern auf, die uns in die heutige Misere der Identitätskrise geführt haben.

Früher war nicht alles besser, aber manches durchaus einfacher. Die Sache mit der Identität beispielsweise. Diejenigen, die örtlich gebunden und immer schon einer Gruppe zugehörig waren, wiesen eine eindeutige, klare Identität auf. Sie pflegten ihre nationale und durch regionales Brauchtum ihre kulturelle Identität. Allerdings ziehen die Veränderungen, die Globalisierung und Digitalisierung in unsere Gesellschaft bringen, an unserer Identität nicht spurlos vorbei. Inzwischen finden wir unter derselben Identität, nämlich der kulturellen wie nationalen, Menschen, die dennoch nichts eint. Was für die einen, die Traditionellen, Grund einer Gemeinsamkeit ist, ist für die anderen, die Modernen, nicht einmal mehr relevant. Zwei Bayern, beide in Lederhose und Gamsbart, der eine vom Land und der andere aus der Stadt, teilen zwar ein

Stück sowohl kultureller als auch nationaler Identität. Beides aber reicht nicht mehr aus, um eine gemeinsame Haltung, um Zusammenhalt zu finden. Augenscheinlich haben sie große Ähnlichkeit, und dennoch pflegen sie einen gänzlich unterschiedlichen Lebensstil.

Das zeigt den Wandel der Identität der »Always-there«-Menschen. Der Bayer vom Land ist regional stark eingebunden, weniger hoch qualifiziert, lehnt Veränderungen ab und empfindet Migration eher als störend. Selten kommt er in die Stadt, weil ihn der Trubel an sich und die vielen Fremden stressen. Seine Identität fußt auf Tradition, Brauchtum und Verortung. Der urbane Bayer hingegen, hochqualifiziert und Besserverdiener, führt ein mobiles Leben und freut sich über die Zuwanderung als Chance. Er zieht seine Identitätsmerkmale aus beruflichem Erfolg und Status. Beide sind waschechte Bayern, und dennoch haben sie nicht mehr gemeinsam als die Tracht. Nebenbei bemerkt: nicht einmal mehr den Schweinsbraten. Der nämlich wurde in der Stadt ersetzt durch eine vegane Knödelbowl mit Braunbierchutney.

Was also lange galt, dass Menschen einer Region eine ganz ähnliche Identität eint, änderte sich in Zeiten des Fortschritts grundlegend. Hier beginnen die Risse der Gesellschaft. Diese unklare Linie innerhalb eines Identitätskreises stellt Menschen, die hinzukommen, vor geradezu paradoxe Herausforderungen. Von den »New-In«-Menschen erwartet der traditionelle Bayer Anpassung. Der moderne hingegen fordert völlig andere Attribute, um Gemeinsamkeiten festzustellen, etwa besondere berufliche Leistungen und Wissen. Kommt nun ein Mensch aufgrund beruflicher Migration oder politischer Zuflucht aus einem anderen Kulturkreis, ist das Chaos perfekt. Es fehlt schlichtweg der Durchblick, was nun der ratsame nächste Schritt auf den jeweils anderen zu wäre. Die eigene kulturelle Identität schwindet im Laufe der Zeit, während das Bilden einer neuen sich so schwer gestaltet, weil die Gemeinschaft, in die man sich integrieren möchte, selbst nicht genau weiß, welche Werte in ihr gelten sollen.

Mahmoud, ein junger Mann aus Syrien, kam vor ungefähr zwei Jahren zu uns. In seinem Heimatland hatte er bereits Näherfahrung. Diese konnte er bei uns einbringen und weiterentwickeln. Innerhalb von neun Monaten erlernte er unsere Sprache und brachte es sogar bis zur Hochschulzulassung. Er begann sich modern zu kleiden, mit engen Skinny-Hosen und schnittigen Oberteilen. In der Arbeit wurde er schnell zu einem der leistungsfähigsten Kollegen, außerhalb verbrachte er seine Zeit im Fitnessstudio. Eines Tages bat er mich, ihm zu helfen, eine Wohnung zu finden, eine eigene. Er wohnte zusammen mit anderen Geflüchteten in einer Art Wohngemeinschaft. »Die wollen sich nicht ändern, ich will deutsch werden, Sina«, sagte Mahmoud zu mir. Daraufhin fragte ich ihn, was denn ein deutsches Leben für ihn charakterisieren würde. Stille. Er konnte mir darauf keine Antwort geben. Fred, unser Kollege aus Nigeria, lauschte unserem Gespräch. Kurz zuvor hatte er seinen deutschen Pass erhalten. Lachend sagte er zu uns: »Easy, becoming a german. Know the capital city, know the color of the white-blue flag of Bavaria, make a test, be a german, yeah!« Hakunama tata. Ich musste schmunzeln und war irgendwie dankbar, dass Fred mit dem deutschen Pass sein wunderbar afrikanisches Lebensgefühl nicht abgegeben hat.

Gleichzeitig wussten wir alle, dass Mahmoud etwas anderes meinte, als er sagte, dass er deutsch werden möchte. Der Wunsch Mahmouds zeigt die Herausforderung, der sich kulturelle Identitäten in einem modernen Leben stellen müssen: Sie lösen sich auf, werden eins, globalisieren sich. Sehen wir nach Asien, leben dort mittlerweile mehr Menschen den europäisch-westlichen Lebensstil als Europa überhaupt Einwohner hat. Blicken wir nach Skandinavien, zeichnet sich dieser Kulturraum nach wie vor durch eine spezielle Handschrift im Design aus. Verbringen wir eine Weile in Frankreich, Rom oder Portugal, wird uns auch dort nach kurzer Zeit ganz hyggelig, da das Café mit Stockholmer Charme nahezu in jedes Land als Erfolgsgarant exportiert wurde. Je mehr sich die kulturelle Identität durch Mobilität und internationale Standardisierung verwässert, umso stärker wird bei manchen der Drang nach der nationalen Identität. Weil diese jedoch nicht einfach zu pflegen ist – und Fred dieselbe hat wie der Bayer vom Land in Lederhose – missbrauchen zunehmend mehr Menschen die ethnische Identität der anderen, um zumindest ihre nationale noch zu halten. Diese gefährliche Entwicklung endet in blankem Rassismus. Menschen wie Fred werden niemals als Deutsche anerkannt von Leuten, für die er nicht aussieht wie ein Deutscher.

Die Gegenbewegung, die dadurch entsteht, könnte man Übermoralisierung nennen. Keine Aussage darf mehr unbedacht erfolgen, überall lauert bereits der unausgesprochene Vorwurf des Alltagsrassismus. Unlängst fiel eine junge Deutsche in den sozialen Netzen aus allen Wolken, weil sie von einem Mitmenschen gefragt wurde, woher sie käme. Für die meisten von uns wäre dies keine Frage, die Unwohlsein hervorrufen würde. Sie aber bezog diese Nachfrage auf ihr Aussehen. Da ihre Mutter geborene Ruanderin war, verfügt auch sie über entsprechende ethnische Merkmale. In ihrem Interneteintrag berichtete sie, wie sehr sie den Fragenden rund gemacht habe. Sie beleidigte ihn, sicherlich ebenso unbeabsichtigt, als »elende Kartoffel«. Es hagelte große Empörung gegenüber dem Fragenden und uneingeschränkten Zuspruch für die junge Frau, es flogen Herzchen und Gefällt-mir-Daumen. Ich hingegen haben den ganzen Trubel überhaupt nicht verstanden. »Könnte es nicht sein, dass die Frage aus ehrlichem Interesse gestellt wurde?«, postete ich unter dem Eintrag. Dass ich mich überhaupt einmischte, rührt vermutlich daher, weil ich mich selbst ertappt fühlte. Auch ich frage Menschen gern, woher sie kommen. Mein Beweggrund ist selten das äußerliche Erscheinungsbild. Ich frage in Bewerbungsgesprächen mein Gegenüber, woher er kommt, wenn ich bemerke, dass die deutschen Sprachkenntnisse nicht ausreichen, um uns sinnvoll verständigen zu können. Denn immer konnte mir eine der Kolleginnen oder einer der Kollegen aus der Patsche helfen, indem sie sich bereit erklärten, zu übersetzen.

Gelegentlich jedoch frage ich auch einfach so, woher jemand kommt. Meist dann, wenn sein Äußeres auf afrikanische Wurzeln hindeutet. Aus Sicht der jungen Frau betrachtet blanker Rassismus. Ich jedoch halte mich nicht für einen Rassisten, ich bin nur voller Sehnsucht nach diesem wunderbaren Kontinent. Durch das Fragen werden in mir Erinnerungen wach, und oftmals resultiert daraus ein wunderbares Gespräch. Unter meinem Eintrag erhielt ich ausschließlich ermahnende, beleidigende und abgrenzende Aussagen. Schließlich könnte ich als weiße Frau überhaupt nicht mitreden. Bei mir wäre Rassismus genetisch veranlagt. Ich war ernsthaft verunsichert und entschied, künftig nicht mehr zu fragen. Bis Ehsan vor kurzer Zeit zu mir sagte: »Wenn du sie nicht fragst, frage ich sie!«. Ich ging mit einer neuen Bewerberin durch unsere Hallen, zeigte ihr, was wir fertigen und produzieren. Leider sprach die Dame kaum ein Wort meiner Sprache, und ich hingegen wusste nicht, in welcher sie mich verstünde. Ich sah Ehsan an. Er drehte sich um und fragte: »Woher kommst du?« »Bulgaria«, antwortete die Frau. Zufrieden lächelte mich Ehsan an, holte eine Kollegin, die die Bewerberin anschließend durch die Halle führte und ihr alles erklärte. Mich hingegen nahm Ehsan zur Seite und sagte: »Warum fragst du nicht?« Ich erklärte ihm mein Verhalten. Er schüttelte mit dem Kopf. »Das ist völliger Quatsch. Als ich nach Deutschland gekommen bin in den ersten Deutschkurs, weißt du, was die ersten drei Fragen waren, die man zu beantworten lernt?« »Nein«, sagte ich. »Wie heißt du? Wie alt bist du? Woher kommst du?«, erwiderte Ehsan. »Das sind die ersten Fragen. Die kann jeder. Ich war so stolz, jedem eine Antwort darauf zu geben, weil es mir gezeigt hat, dass ich die Sprache verstanden habe. Also frage einfach!« Seitdem frage ich wieder, weil ich weiß, dass diese Frage helfen kann. Und weil ich weiß, dass dies kein Rassismus ist.

Das Beispiel zeigt jedoch auf, wie schwierig sich unser Miteinander mittlerweile gestaltet, weil bei all der Veränderung in und um uns Struktur fehlt. Identität ist, was uns zusammenhält, aber gleichzeitig ausgrenzt. Identität selbst ist im Wandel und macht es uns umso schwerer, ein übergeordnetes Muster zu finden, das uns die Orientierung gibt, die wir brauchen, um Gesellschaft zu erkennen und sich auf gemeinsame Werte zu einigen.

Wenn jedoch die nationale Identität nur noch mittels Missbrauch der ethnischen klar aufrechterhalten werden kann, wenn unterschiedliche ethnische Identitäten sich gegenseitig des Rassismus bezichtigen, obgleich es nur Neugier und Kooperationswille waren, wenn die kulturelle Identität aufgrund der hypermobilen und globalisierten Welt immer mehr verwässert, ist es an der Zeit, einen anderen Weg zu finden. Für mich war die Bildung des deutschen Bands in unserer Näherei der Punkt, der alles verändern sollte.

Was wir bei aller Beschäftigung mit nationalen, kulturellen und ethnischen Identitäten vergessen, ist, dass wir noch eine weitere haben, eine, die als Grundlage für alle anderen fungiert: die soziale Identität. Sie klärt die Frage, wer wir sind, wie wir sein wollen und in welcher Gruppe wir uns einbringen möchten. Diese Identität kann Ansatz sein, uns in der modernen Welt wieder Orientierung zu geben, wenn wir bereit sind, in uns selbst Ordnung zu schaffen. Nichts anderes tat ich bei *manomama*.

Als ich die Liste mit meinen neun Punkten aufgehängt hatte, bestellte ich meine Ladies und Gentlemen am nächsten Tag zu einer Zusammenkunft ein. Ausnahmslos alle hatten sich tags zuvor den Zettel durchgelesen. Jeder war in Kenntnis über den Inhalt. Manche von ihnen fanden ihn »nicht der Rede wert«, andere begannen bereits ernsthaft zu grübeln. Untereinander half man sich, die einfachen Sätze in die jeweils verständliche Sprache zu übersetzen, und so stand ein riesengroßer Kreis an erwartungsvollen Gesichtern um mich herum. Ich begann weit auszuholen, indem ich versuchte, uns allen unsere Situation zu verdeutlichen. Ich lobte unsere Zweckgemeinschaft, den Fleiß jedes Einzelnen, der dazu beitrug, dass wir das große Arbeitspensum, das wir durch neue Aufträge mittlerweile wieder hatten, auch bewältigten. Anschließend leitete ich über auf die vielen einzelnen Gespräche, die ich mit meinen Kolleginnen und Kollegen geführt hatte.

»Als wir wenig Arbeit hatten, haben wir gemerkt, dass uns der Zweck unserer Gemeinschaft abhandenkam. Was ist passiert? Wir haben das wenige nicht fair verteilt, sondern jeder hat für sich begonnen, sein Pensum zu sichern, sich die Lieblingsarbeit herauszupicken und nicht mehr auf die anderen zu achten. Am Ende saßen einige von euch sogar nach Nationen getrennt!« Viele Häupter nickten zustimmend, es wurde leise und nachdenklich.

»Das hat mir gezeigt, Ladys, dass wir ein wunderbares Arbeitsteam sind, wenn genügend Arbeit da ist, aber keine Zeit hatten, zu einer echten Familie zusammenzuwachsen. Ihr habt mir erzählt, was euch fehlt, was ihr euch wünscht, und dafür danke ich euch. Denn das wird unser Grundstein für unsere Gemeinschaft.«

»Und was ist, wenn jemand nicht mitmachen will?«, rief eine Stimme aus den hinteren Reihen.

»Blöde Tanten gibt es in jeder Familie, die muss man lassen. Ignorieren!«, antwortete es aus dem anderen Eck. Verhaltenes Gekicher zog durch die Halle.

Ich fuhr fort: »Lasst es uns einfach versuchen. Ich bin auch kein Profi, aber ich hätte den Vorschlag, dass sich jeder von uns überlegt, wer er ist und wie er sein will. So, wie ihr euch damals ausgesucht habt, was ihr hier machen wollt, an welcher Maschine ihr arbeitet, wo ihr eure Arbeitszeit verbringt. In der Art überlegt euch, wer ihr sein wollt. Findet für euch die Antwort auf die Frage: Wer bin ich, und wer will ich sein? Und damit meine ich nicht euren Beruf, nicht eure Herkunft und nicht das Aussehen. Es ist egal, ob ihr aus Indien kommt, ob ihr aus Afrika kommt, es zählt nicht, ob ihr behindert seid oder nicht, groß oder klein, dick oder dünn: Malt euch ein Bild von eurem Ich, das ihr hier, bei uns, sein wollt. Und werdet es.« Ganz geheuer war meinen Ladys und Gentlemen das Gesagte offenbar nicht, wie ich an ihren Gesichtsausdrücken ablesen konnte.

»Ich verstehe das nicht. Jeder soll sich ausdenken, wie er hier sein will. Auf deiner Liste aber steht als erster Punkt: Wir sind alle gleich. Wie soll das denn gehen?«, fragte mich eine Kollegin.

»Das ist unsere Ausgangslage. Wir alle starten vom selben Punkt. Wir sind alle gleich. Wir sind alle Menschen. Das ist unsere Basis. Wir müssen ja irgendwo anfangen, oder?« Die Ladys und Gents nickten. Anschließend begaben sie sich wieder an ihre Arbeit. An beide, wie ich bald schon bemerken durfte.

Um ehrlich zu sein, war ich nicht sehr überzeugt davon, dass mein Vorhaben von Erfolg gekrönt sein würde. Obgleich ich versuchte, es so konkret wie möglich zu gestalten, sah ich immer noch viel Abstraktes in meiner Aufgabenstellung, uns eine gemeinsame soziale Identität zu schaffen. Das nämlich ist, was uns fehlte und was unserer Gesellschaft im Großen fehlt: Verbindendes, das auch im Wandel Bestand hat. Es beginnt in uns selbst. Jeder von uns hat die Aufgabe, sich die Frage zu beantworten, welcher Mensch er sein möchte. Dass wir Menschen sind, ist gewiss, und das ist auch die grundlegende Basis. Das Menschsein als Identitätsattribut, fernab von Nationalität und Ethnie. Gerade in einer an Struktur und Orientierung armen Welt braucht der Mensch mehr denn je einen Rahmen oder Anker, etwas, das ihm Halt verleiht.

Wenn wir uns damit beschäftigten, was uns als Mensch charakterisiert und wie wir sein und wirken möchten, schaffen wir uns selbst eine Ordnung. Diese innere Ordnung wiederum hilft uns beim Zurechtfinden in unserem äußeren

Umfeld. Wir geben uns selbst die notwendige Orientierung, um zu erkennen, wo unser »Ich« gerne im »Wir« ist. Durch die innere Vorstellung unser selbst wissen wir, welche Bedingungen wir im Einzelnen benötigen, um uns im »Wir«, in einer Gemeinschaft, wohlfühlen zu können. Gleichzeitig erschließt sich jedem Einzelnen von uns durch das Selbstbild, was wir individuell in die Gemeinschaft einbringen können. Wer sich kennt, kann entscheiden, ob eine Gruppe geeignet ist für das individuelle Vorankommen. Ebenso wird klar, ob er auch die Gruppe durch sein individuelles Sein und Handeln bereichern kann. Aber auch, wenn man sich gegen eine und für eine andere Gruppe entscheidet, steht das übergeordnet Verbindende: Wir sind alle Menschen. Das eint uns. Und schafft Würde.

Meine Sorgen, die Sache zu abstrakt angelegt zu haben, waren komplett unbegründet. Auch hatte ich nicht erwartet, dass sich innerhalb kürzester Zeit grundlegende Veränderungen einstellten. Doch im Nachhinein betrachtet, ging unser innerer Wandel sehr zügig und ohne großes Drumherum vonstatten. Am auffälligsten war die Veränderung in Momenten, in denen Arbeit weniger wurde. Der Färber hatte einen langwierigen Maschinenausfall, und so mussten wir öfter einige Tage auf den Stoff warten, der speziell für die Lieblingstaschen gebraucht wurde. Genau das Produkt, um welches sich meine Ladys und Gentlemen beinahe in die Haare bekommen hatten, bevor sie andere Modelle nähten. Mit der Zeit jedoch entwickelte sich Rücksicht für die gesamte Situation. Statt künstliche Aufgeregtheit und empörtes Gemecker zog Verständnis für die Färberei in unsere Hallen. »Kann immer mal passieren«, wurde die einhellige Meinung, wenngleich dieses Problem persönliche Nachteile verschaffte.

Manchmal war so wenig Gewebe da, dass wir Teilen unseres Teams tageweise freigeben mussten oder sie baten, zu späterer Stunde die Arbeit zu beginnen. War Zuschnitt vorhanden, musste nicht mehr kontrolliert werden, wer wie viel gehortet hatte, denn dieses Verhalten blieb weitestgehend aus. Die wenigen, die nach wie vor kiloweise Schnittteile unter ihren Tischen bunkerten und vor den Kollegen versteckten, wurden entweder freundlich gebeten, doch zu teilen, was anschließend erfolgte. Oder man ließ sie sein, wie sie sind. Es war überhaupt angenehmer in den Hallen, die Atmosphäre entspannter, es wurde mehr gelacht und, trotz alledem, gearbeitet.

Völlig fasziniert war ich von der wachsenden Bereitschaft, andere Aufgaben als die ursprünglich eingeübte zu übernehmen. Kurzum, etwas Neues auszuprobieren. Bei einigen ging diese Lust aufs Lernen einher mit dem Mut, Verantwortung zu übernehmen, die über ihren eigenen Arbeitsplatz hinausging. So begannen wir, neue Produkte zu entwickeln, weil es Menschen in unseren Reihen gab, die Freude daran hatten, Neues zu fertigen. Darüber hinaus wechselten viele Positionen innerhalb der Gemeinschaft ihren Platz. Es war völlig verrückt. Menschen, die die Organisation einzelner Bereiche von *manomama* übernommen hatten, gaben zu, dass ihnen dies schlichtweg zu viel war. Sie konnten sich, ohne böse Worte und Häme, ihrer bisherigen Verantwortung entledigen und wieder individuell freier agieren. Gleichzeitig bekundeten Kollegen das Interesse an der frei gewordenen Verantwortung und übernahmen sie. Wiederum andere, die eine Schlüsselposition innehielten und krankheitsbedingt für eine lange Zeit abwesend waren, wurden von allen gemeinschaftlich ersetzt, bis sie wieder an Bord waren.

Man spürte, wie aus Arbeitskraft Menschsein wurde. Der Vollständigkeit halber muss erwähnt werden, dass dieser Wandel nicht von allen vollzogen wurde. Einige der Damen und Herren kommen morgens zur und gehen abends von der Arbeit. Sie sind nicht interessiert, über den eigentlichen Zweck hinaus an einer Gemeinschaft zu partizipieren. Deshalb begaben sie sich nicht auf den gemeinsamen Weg, unsere soziale Identität zu finden. Das ist aber vielleicht, wie sie sind und was sie sein wollen. Uns gelingt heute, jeden anzunehmen, wie er ist, denn wir wissen, dass uns das Menschsein eint. Darüber hinaus kann und soll jeder individuell in seiner Art Teil unserer Gemeinschaft sein können. Dazu gehört auch, dass wir Menschen nehmen, wie sie sind, und akzeptieren, wie sie sich verhalten, solange sie der Gruppe mit ihrem eigenen Handeln nicht schaden.

Das Bewusstsein darüber, was uns verbindet, und die Freiheit, sein zu können, wie wir es uns vorstellen, ohne dabei von außen verurteilt oder gemaßregelt zu werden, ist, was Vertrauen in die Gesellschaft erzeugt und damit den Nährboden für Zusammenhalt schafft. Dies gelingt nur, wenn wir aufhören, individuelle Attribute unserer Mitmenschen zu beurteilen. Keiner von uns kann etwas für sein Aussehen, seine nationale oder ethnische Identität. Nicht die Zusammenarbeit hält uns als Gesellschaft zusammen, sondern eine gemeinsame Identität. Die größte Gemeinschaftsleistung einer Gesellschaft ist nicht in Arbeitskraft zu messen, sondern im Wahrnehmen und Annehmen der anderen. Erst wenn und so lange wir einander wahrnehmen, existiert Gesellschaft.

Wir haben alle eine MitsprachePFLICHT.

Miteinander reden beginnt beim Zuhören.

Das Größte, was jeder mit einbringen kann, Gesellschaft zu gestalten, ist seine Stimme. Wir können sie erheben, um uns damit Gehör zu verschaffen. Wir können sie bewusst ungenutzt lassen, um durch unser Schweigen zu sprechen. Unsere Stimme ist das kostbarste Mittel, miteinander zu agieren und so Gemeinschaft zu entwickeln. Dabei hat sie stets dieselbe Funktion, erzeugt aber völlig unterschiedliche Wirkungen, je nachdem, auf welcher Ebene der Gesellschaft wir uns befinden. Soziologen unterscheiden zwischen Kleingesellschaften beziehungsweise Gruppen und der übergeordneten, großen Gesellschaft. Diese Unterscheidung einmal genauer zu betrachten ist deshalb so wichtig, weil es Missverständnisse aufklären kann und uns Aufschluss darüber gibt, wo wir anpacken müssen. Unzweifelhaft sollte sein, dass unsere Gesellschaft konsequent auseinanderdriftet und wir dieser Entwicklung entgegenwirken müssen. Weil wir uns aber in einer immer komplexer erscheinenden Welt angewöhnt haben, vielschichtige Probleme beinahe schon in inakzeptabler Weise zu vereinfachen, richten wir mehr Schaden an, als der Sache zu dienen.

Kleingesellschaften, damit meinen wir soziale Gemeinschaften, allen voran Familie und Freundeskreis, aber auch Vereine und Freizeit-Cliquen, sind weitaus weniger vom Zerfall betroffen als unsere übergeordnete Gesamtgesellschaft. Die kleinen Einheiten verändern sich zwar auch im Wandel der Zeit, weil sie aber darauf basieren, dass wir in direkten, persönlichen Beziehungen zueinander stehen, sind wir eher bereit, diesen Wandel mitzutragen. Darüber hinaus machen wir kurzerhand den Wandel mit, weil wir ihn direkt mitprägen können. Was früher das sonntägliche Treffen beim Bäcker um die Ecke war, findet heute innerhalb einer WhatsApp-Gruppe statt, das sportive Vereinsleben von einst geschieht heute bei der jungen Generation über Gaming-Server und virtuelle Zusammenkunft, und der enge Verbund eines Vereins ist mutiert zur losen Teilnahme an Kursen im Fitnessstudio. Im Kleinen hat im Laufe der Zeit eine Virtualisierung der Kontakte, also eine Wandlung von direkten, festen Beziehungen zu loseren stattgefunden. Dass dies so eingetreten ist, liegt an uns selbst, weil wir es bequemer finden, komfortabler oder weil wir etwas mehr Möglichkeiten der Entfaltung darin sehen. Diese Transformation empfinden zwar ältere Menschen als Qualitätseinbuße, jüngere hingegen, deren Alltag von Mobilität und permanenter Veränderung gezeichnet ist, sehen darin mehrheitlich den Vorteil, zahlreiche soziale Kontakte, trotz Mobilität, pflegen zu können. In all ihren Veränderungen existiert die Kleingesellschaft folglich weiterhin. Es ist unsere direkte Lebenswelt. Das ist Grund für Zuversicht.

Die übergeordnete Gesellschaft, ein Verbund verschiedener Systeme, allen voran das der Wirtschaft, der Politik und des Gesundheitswesens, aber auch Medien, Wissenschaft und nach wie vor Religion, kann als unser Bauplatz gesehen werden, auf dem wir unsere Lebenswelten gründen. Wir partizipieren weniger als Mensch denn als Funktionsträger an der großen Gesellschaft, etwa als Bürger, Arbeitskraft oder Konsument. Gegenüber den Systemen verhalten wir uns nach festgeschriebenen Rechten und Pflichten. Die Großgesellschaft ist auch der Adressat, wenn wir im Allgemeinen von gesellschaftlicher Teilhabe sprechen, indem jeder Einzelne Zugang zu und Partizipation an den jeweiligen Systemen erhält, beziehungsweise erhalten sollte. Dies garantiert ihre grundlegende Ordnung, das Grundgesetz. Gerade weil wir in ihr nicht als individuelle Persönlichkeiten, sondern als Funktionsträger agieren und quasi eine Rolle übernehmen, wahrt und respektiert unsere politisch-rechtliche Verfassung unsere individuellen Unterschiede. Sie ermöglicht uns im Rahmen ihrer juristisch niedergelegten Struktur, so zu sein, wie wir als Mensch sein möchten und sind, und zwar ausdrücklich unabhängig von Nationalität, Ethnie, Geschlecht, Glaubensrichtung oder sexueller Orientierung. Sie sorgt für Inklusion. Soweit die Theorie.

Da jedoch dieser Bauplatz mehr und mehr durchzogen wird von Gräben und unwegsamem Gelände, wird die Teilhabe zunehmend erschwert oder sogar aktiv verhindert. Artikel 1 unseres Grundgesetzes lautet: »Die Würde des Menschen ist unantastbar.« Renate Künast, eine politische Funktionsträgerin in unserer Gesellschaft, wurde in den sozialen Netzwerken in einer Qualität beleidigt, die ohne Zweifel als würdelos eingestuft werden muss. Sie erstattete Anzeige. Das Gericht entschied, dass sich Äußerungen wie »Drecks Fotze« »haarscharf an der Grenze des Hinnehmbaren« bewegen würden. Mit diesem Urteil, so sahen es unzählige Bürger wie auch andere Vertreter des Rechtssystems unserer Gesellschaft, sei der Tatbestand der Beleidigung faktisch abgeschafft worden.

Das Beispiel zeigt, wie sehr sich Grenzen und Rahmen im

Wandel befinden und uns das Gefühl vermitteln, die Gesellschaft zersetzte sich selbst. Dies hängt auch damit zusammen, dass wir selbst zumeist nichts dagegen tun. Zwar diskutieren wir das Urteil innerhalb unserer Lebenswelten und Filterblasen, auf der relevanten Ebene jedoch unterlassen wir Hilfeleistung. Als Bürger nehmen wir das Verschieben von Grenzen, aus welchen Richtungen auch immer, einfach hin. Vielleicht, weil wir uns der Möglichkeiten nicht bewusst sind. Vielleicht jedoch auch, weil wir schlichtweg zwischen Macht und Machtlosigkeit mittlerweile taumeln. Immerhin erstattete eine Anwaltskanzlei aus dem Rhein-Main-Gebiet Strafanzeige wegen Rechtsbeugung gegen die Berliner Richter, die das Urteil zu den Hass-Kommentaren gefällt hatten. Die Anwälte nahmen in ihrer Funktion eine wichtige gesellschaftliche Rolle ein: Sie kämpften um den Erhalt der gesellschaftlichen Basis unseres Zusammenhalts, der garantierten Unantastbarkeit der Würde des Einzelnen.

Während vorangehendes Beispiel Grenzen in Erinnerung ruft, herrschen weitere unsichtbare. Sie waren immer existent und nicht nur Hürde für viele, sondern unüberwindbare Barriere. Wenn wir ein paar Seiten weiterblättern in unserer verfassungsrechtlich verankerten Gesellschaftsordnung, lesen wir im Artikel 23 des Grundgesetzes, dass jeder das Recht auf Arbeit, auf freie Berufswahl, auf gerechte und befriedigende Arbeitsbedingungen sowie auf gleichen Lohn für gleiche Arbeit hat. Selbst in einer Gesellschaft wie der unseren, die sich auf ihre wirtschaftliche und soziale Entwicklung so viel zugutehält, sind diese unstrittigen, grundlegenden Rechte für viele in weiter Entfernung oder gar unerreichbar. Würden die Grundrechte dem wirklichen Leben entsprechen, wäre Inklusion eindeutig vollzogen, hätte es keinen Grund gegeben, eine

Firma wie *manomama* zu gründen. Bis heute wird jedoch unzähligen Menschen das Grundrecht verwehrt, die Partizipation an der Großgesellschaft verhindert und soziale Teilhabe unterbunden.

In unzähligen Bewerbungsgesprächen, die ich zu Beginn der Gründung von *manomama* führte, erzählten mir meine Kolleginnen und Kollegen stets dieselbe Geschichte. Zu gern wären sie bis dato einer Erwerbstätigkeit nachgegangen, die man ihnen allerdings aus unterschiedlichsten Gründen verwehrte. Für den einen Arbeitgeber war man zu alt, für den anderen zu gering qualifiziert. Der dritte wollte nur Männer und der vierte keine Ausländer. Beim fünften fiel der fehlende Schulabschluss ins Gewicht, und der nächste fand irgendeinen beliebigen Grund, warum kein Arbeitsverhältnis zustande kommen könnte. Nur die wenigsten, die heute noch Sozialleistungen beziehen müssen, tun dies aus freiwilliger Entscheidung. Dem Großteil der Hartz-IV-Empfänger wird schlichtweg das Grundrecht verwirkt und nebenbei kategorisch die Würde verletzt.

Was auf gesamtgesellschaftlicher Ebene geschieht, findet sich ebenso in den regionalen Bereichen. Nahezu in Vergessenheit geraten ist die Tatsache, dass in der bayerischen Verfassung ein Grundrecht verankert ist, wonach jeder Bewohner Bayerns den Anspruch auf eine angemessene Wohnung hat. Was aber nützt ein Recht, das immer mehr Menschen aufgrund des Versagens von Wirtschaft und Politik nicht mehr in Anspruch nehmen können? Die Konsequenz ist Ungerechtigkeit, und sie bringt eine stabile Gesellschaft ins Wanken. In einem Interview mit der *Süddeutschen Zeitung* räumt der Wohnungsamtschef ein, dass in München, der Hauptstadt Bayerns, nicht nur »die Gefahr, wohnungslos zu

werden (...) sehr hoch, bis tief in ganz normale Einkommens-
schichten hinein« ist, sondern auch, dass bereits 9000 Menschen ohne Wohnung sind, darunter knapp 2000 Kinder.

Dies alles sind Veränderungen und Gründe, weshalb das
Vertrauen in unsere übergeordnete Gesellschaft schwindet.
Wenn wir aber den Glauben an Gesellschaft verlieren, verlieren wir den Glauben an uns selbst. Das Ergebnis: Wir
ziehen uns zurück in unsere kleine, heile Welt, denn dort sind
wir gut integriert. Hier erfahren wir nach wie vor das Prinzip
der sozialen Teilhabe, denn hier gehören wir dazu. Im Vergleich zur großen Gesellschaft basiert die Bildung der kleinen, unserer Lebenswelt, nicht auf Inklusion, sondern auf
Integration. Das ist der elementare Unterschied beider Ge-
sellschaftsformen. Weil wir jedoch dazu neigen, Komplexes
zu reduzieren, fällt diese wichtige Differenzierung oftmals
komplett unter den Tisch. Während erstere, die Inklusion,
die Aufgabe hat, Barrieren der Funktionssysteme unserer
Gesellschaft abzuschaffen und für jeden Einzelnen, unabhängig von individuellen Attributen, zugänglich zu gestalten,
basiert Integration auf dem Prinzip der Homogenität. Menschen finden sich zu Gruppen zusammen, weil sie gleiche
persönliche Merkmale, Eigenschaften, Vorlieben und Über-
zeugungen teilen oder sich anpassen. Hier sind wir Mensch,
hier können wir sein. Hier treffen wir auf Verständnis Gleich-
denkender und -handelnder. In dieser vertrauten Gruppe
müssen wir nicht viel Worte verlieren, denn wir verstehen
uns blind, gleichwohl empören wir uns über andere Lebenswelten und den jämmerlichen Zustand der Gesamtgesellschaft. Schweigend und duldend hingegen funktionieren
wir in der übergeordneten noch im Rahmen des Möglichen
und versuchen, aus dem Schlechten das Beste zu machen,

denn alle Kraft ist bereits in der eigenen, kleinen Welt verbraucht.

Genau das Gegenteil jedoch ist notwendig: Wir müssen reden! Gesellschaft braucht die Stimme jedes Einzelnen. Laut, deutlich, dauerhaft. Je länger die Stille, umso kräfteraubender das Brechen des Schweigens und umso tiefer der Abgrund, der sich auftut. Gerade in einer Zeit, in der mehr als die Hälfte unserer Gesellschaft die Meinung pflegt, man dürfe die eigene nicht mehr laut formulieren, gilt es, lauter seine Stimme zu erheben. Deshalb stand auf der Liste: »Wir haben eine MitsprachePFLICHT!« Ein Recht ist, was in Anspruch genommen werden kann, die Pflicht hingegen müssen wir erfüllen. Um nichts anderes geht es. Wir müssen aktiv an der Gestaltung unserer Gesellschaft teilnehmen. Weil dies anstrengend ist, unbequem und oftmals nur von kleinen Erfolgen gekrönt, lassen wir zunehmend davon ab, insbesondere, wenn es um ein Engagement außerhalb unserer eigenen Lebenswelten geht. Genau dort aber brauchen wir es am meisten. Wir aber haben aufgrund der Abschottung in unsere kleine Filterblase verlernt, uns konstruktiv miteinander auf der übergeordneten Ebene auseinanderzusetzen, sie zu pflegen und weiterzuentwickeln. Die wachsende Popularität und Nutzung der sozialen Netzwerke als gesellschaftliches Diskurs-Mittel erweist sich hierbei sogar als kontraproduktiv.

Virtuelle Foren sind kein Abbild unserer Großgesellschaft, sondern Plattform für das Bekanntmachen kleiner Lebenswelten. Wie im wirklichen Leben basieren sie auf Integration. Wir liken Seiten, die uns interessant erscheinen, wir treten in Gruppen ein, in welchen wir Gleichgesinnte finden. Meinungen anderer blockieren wir und hängen sie in der eigenen, homogenen Gemeinschaft an den digitalen Pranger oder sperren die virtuelle Persönlichkeit direkt aus der Gruppe aus. Unsere gesamte Energie fließt ins Klein-Klein, sodass die große Gesellschaft und deren Gestaltung wenigen überlassen wird, nämlich den elitären Funktionsträgern der einzelnen Systeme: Wirtschaft, Politik und Justiz. Wir Bürger jedoch antworten darauf mit stiller Resignation, quittieren es bei der nächsten Wahl mit Protest und echauffieren uns in der eigenen Lebenswelt. Diesen Teufelskreis können wir nur durchbrechen, wenn wir beginnen, wieder miteinander zu reden. An richtiger Stelle. Auf wirkungsvoller Ebene.

Solche Differenzierung von kleinen und großen Handlungsräumen war auch bei *manomama* ungeheuer wichtig. Alle meiner Ladys und Gentlemen haben eine eigene Lebenswelt und gehören unterschiedlichen sozialen Gruppen an, die ihnen auf der menschlichen Ebene soziale Teilhabe im Kleinen ermöglichen. Seien es ihre Familien, Freunde oder auch einzelne Gruppen innerhalb der Firma. Wir aber sind Teil des Wirtschaftssystems und somit auch ein klitzekleiner Part der übergeordneten Gesellschaft. Sinn und Zweck dieser Gemeinschaft ist also, jedem Individuum Inklusion zu ermöglichen. Wir mussten lernen, dass jeder Einzelne von uns die Aufgabe hat, die individuelle Persönlichkeit des anderen, wie sehr sie auch von den eigenen Vorstellungen abweichen mag, anzunehmen, zu respektieren und aufkommende Probleme gemeinsam und fair für alle zu meistern. Das gelingt nicht im Schweigen. Also unternahmen wir den Versuch, zu reden. Miteinander, nicht in kleinen Gruppen übereinander. Erst auf Grundlage gemeinsamen Agierens lässt sich Wirklichkeit verändern, gestalten und neu denken. Erst durch Machen wachsen wir und halten zusammen.

Dafür jedoch muss man miteinander kommunizieren und

seine Stimme gebrauchen. Ich kam mir zuweilen vor wie eine Gebetsmühle. Fast täglich kam mir der Satz über die Lippen: »Ladys, wenn euch etwas nicht passt, dann sagt es. Niemand kann riechen, was euch stört, wenn ihr es nicht aussprecht.« Das war die erste Phase unserer Transformation, die eine ganze Weile in Anspruch nahm. Das lag schlichtweg daran, dass sich zahlreiche Kolleginnen und Kollegen nicht trauten, zu artikulieren, was ihnen querlag, missfiel oder persönliche Einschränkung bescherte. Die Hemmschwelle war die längst gelebte und praktizierte betriebliche Struktur, die ich selbst nicht erkannte. Zu keiner Zeit gab es bei *manomama* Bestrebungen meinerseits, eine klassische Hierarchie, wie sie in traditionellen mittelständischen Betrieben und großen Konzernen zu finden ist, einzuführen. Ich selbst bat von Anfang an meine Ladys und Gentlemen, mich nicht »Chefin« zu nennen, weil es mir unangenehm war und mich gegenüber allen anderen erheben würde. Auch war ich nie das, was man unter einer klassischen Chefin verstehen würde. Vom ersten Tag an arbeiteten wir als Team auf einer Ebene. Ging es darum, eine Entscheidung zu treffen, trafen wir diese gemeinsam. War in einer Arbeitsgruppe zu wenig Power aufgrund von Krankheit oder Auftragslage, setzte ich mich einfach mitten rein und begann mitzunähen. »So was habe ich in meinem ganzen Leben noch nicht erlebt, dass sich die Chefin mit an die Maschine setzen muss und hilft«, sagte Rosi einst zu mir. Sie selbst war viele Jahrzehnte Weißnäherin und hatte viel Erfahrung, wie es in Nähereien zuging. Diese aber war selbst für sie neu. Für mich hingegen war es selbstverständlich, das Helfen. Nicht aber der Titel »Chefin«.

Die Situation war ungewohnt für viele, gerade weil sie in den Jahren zuvor, sofern sie einer beruflichen Tätigkeit nachgegangen waren, starke hierarchische Strukturen erlebt hatten und sich in diese aufgrund ihrer Vita und ihrer Qualifikation am unteren Ende eingliedern mussten. Eine Chance, nach oben zu kommen, blieb selbst den Fleißigsten verwehrt. Dies war mir bewusst, und deshalb hatte ich gar nicht erst in Erwägung gezogen, eine Hierarchie einzuführen. Ich empfand die Installation einer Rangordnung auch nicht für notwendig. In keiner meiner anderen Firmen gab es eine – und niemandem fehlte sie dort. Immer schon arbeiteten wir auf Augenhöhe zusammen.

Was ich jedoch nicht berücksichtigte, war die Tatsache, dass bei *manomama* der überwiegende Teil der Menschen nicht nur gewohnt war, hierarchisch zu arbeiten, sie schienen sich in einer klaren Struktur auch wohler zu fühlen. Sie gab Halt und Orientierung. Verantwortung, das war vielleicht das Wichtigste, wurde klar adressiert. Wenngleich sie auf dem Papier bei uns also nicht existierte, entstand sie. Wie in jeder Gruppierung kristallisierten sich führende Persönlichkeiten heraus. Ihnen hinzu gesellten sich engagierte Mitgestalter. Der Rest war da und verrichtete, was man ihm auftrug. Als ich erkannte, dass diese Art der Struktur, weil natürlich gewachsen und nicht von oben aufgesetzt, zuverlässig funktionierte und von allen akzeptiert und anerkannt war, gab ich kurzerhand nach und meine Idee einer völlig hierarchiefreien Firma auf. Mein persönliches Problem mit »Chefin« haben meine Ladys und Gents wunderbar gelöst. Sie nennen mich »First Lady«.

Der Grund, weshalb ich konsequent gegen eine Stufenleiter war, beruhte auf der Annahme, diese würde die Offenheit untereinander und die Redebereitschaft hemmen. Wer von uns schmiert schon dem Chef oder Vorgesetzten aufs

Brot, was ihm nicht schmeckt? In einer Rangordnung erfährt jeder auf seiner Position nach meinem Empfinden eine künstliche Portion Respekt, nicht selten gepaart mit Angst. Und das, so dachte ich, verhindert das Reden miteinander. Das anfängliche Schweigen meiner Kolleginnen und Kollegen gründete jedoch tiefer. Es war die Angst zu verlieren, was man endlich hatte: eine Arbeit. Zu ihr gesellte sich die Wesensänderung nach zahlreichen Jahren Hartz-IV-Bezug. »Da wirst du nicht gefragt, wie es dir geht. Niemand interessiert, ob dir was nicht passt, Sina. Da hast du das Maul zu halten, und wenn du auch nur einen Muckser machst und dem falschen Fallmanager gegenübersitzt, wird sanktioniert. Ein blödes Wort, einmal eine dumme Antwort, zack, erledigt. Es reicht sogar, wenn man nur freundlich auf etwas hinweist. Mich wollte man auf eine Stelle schicken, zum LKW-Fahren. Ich habe nur gesagt, dass ich überhaupt keinen Führerschein habe. Daraufhin bekam ich die Antwort, dass ich 10 Prozent weniger Bezüge erhalten würde, wenn ich mich weigere. Verstehst du das?« Ich verstand es nicht. Weder konnte ich begreifen, wie man Menschen derart desinteressiert betreute, nur um auferlegte Vermittlungsquoten einhalten zu können, noch die Tatsache, einen Kunden aus welchen Beweggründen auch immer zu einer Straftat anzustiften. Mich bewegte diese Schilderung meiner Kollegin so sehr, dass ich mir Luft verschaffen musste und ihre Erzählung kurzerhand – natürlich ohne persönlichen Bezug – twitterte. Vielleicht veranlasste mich auch die Hoffnung, den virtuellen Vogel gezeigt zu bekommen, zu diesem Tweet. Was aber las ich unter meinem Post? Unzählige ähnlich groteske, ja hinzukommend weitaus abstrusere Erlebnisse von Menschen und deren Erfahrungen mit staatlichen Arbeitsvermittlungsversuchen.

Die Schilderung dieser Kollegin reihte sich ein in die vielen der anderen, die ebenfalls eine lange Zeit in diesem System klarkommen mussten. Gleichzeitig offenbarten sie den Raubbau an unserer Gesellschaft durch derart repressive Mechanismen, die wir innerhalb einzelner Systeme wie dem sozialen begehen und mittragen: Wir lassen zu, dass Mitmenschen unter dem Deckmantel der Hilfe Stück für Stück ihre Würde genommen wird. So ist es mehr als verständlich, dass jene, die dieser Grundsicherung entkommen sind, zwar darüber reden, wie schlimm es war. Dies dient der Aufarbeitung des Erlebten im Kreise Betroffener. Wünsche zu artikulieren, Möglichkeiten auszuloten und konstruktiv über Machbares, über Veränderungen zu reden, war jedoch unmöglich. Zu groß war die Furcht, zu tief saß die Angst, etwas Falsches zu sagen und damit zu riskieren, zu verlieren, was gerade begonnen hatte, wieder etwas Selbstvertrauen zu schenken: ihre Arbeit.

Bevor wir folglich ins Reden kamen, mussten wir zunächst lernen, wieder zu sprechen. Wert und Sinn von Kommunikation waren vielen im Laufe der Jahre abhandengekommen. Ich hingegen musste zugeben, dass ich meine Ladys und Gentlemen schlichtweg überforderte, indem ich die Hierarchielosigkeit forcierte. Dass dies falsch war, zeigte sich in der eigenständigen Entwicklung einer Rangordnung, die ich zunächst auf das Engagement derer zurückführte, die bereits in Unternehmen gearbeitet hatten. Bei näherer Betrachtung waren es aber vornehmlich Menschen, die lange keine Firma mehr von innen gesehen hatten, dafür jedoch Jobcenter, in denen offenbar ein autoritärer Führungsstil vorherrscht. Dieser zog in die Jobcenter ein, als aus Sozialarbeitern Fallmanager wurden und fortan Hartz-IV verteilt wurde.

Nun bin ich ein Mensch, der sich nicht nur ein möglichst vollständiges Bild einer Sache machen, sondern auch die Beweggründe der einzelnen Beteiligten verstehen möchte. Auch war mir bewusst, dass ich den Knoten in unserer Kommunikation nicht gelöst bekomme, bevor ich nicht die Ursachen verstanden habe. Und dabei erfuhr ich ausgerechnet aus den Jobcentern selbst Unterstützung. Drei Geschäftsführer von Jobcentern aus dem Umland, die bei *manomama* »einige Klienten unterbringen konnten«, fragten nach, ob sie uns besuchen dürften. Ich zögerte keine Minute mit meiner Zusage. Natürlich wollte ich sie mit meinen Erkenntnissen konfrontieren und ihnen gehörig die Meinung geigen, was den Umgang betrifft, den ihre Mitarbeiter mit nun meinen Mitarbeitern gepflegt hatten. Doch es kam völlig anders. In drei Stunden erhielt ich dieselben Geschichten – nur von anderer Seite. Man berichtete mir von dem enormen Druck, von festgesetzten Vermittlungsquoten, von Händen, die gebunden waren, und Augen, die man nicht mehr zudrücken konnte. So belastend, wie meine Ladys und Gentlemen das System empfanden, so unwürdig wurde es ebenfalls auf der anderen, der ausführenden Seite gesehen. »Ich weiß von Mitarbeitern, die erfolgreich vermittelte Fälle erneut anrufen und zur Kündigung animieren, um sie erneut vermitteln zu können«, berichtete einer der Geschäftsführer. »Das ist ja Wahnsinn!«, kommentierten wir beide. Gleichzeitig. »Das passiert, wenn Unternehmensberater sich durchs Sozialsystem fräsen. Da wird aus jedem Menschen eine Nummer. Egal, wo er ist!«

»Aber ihr seid doch die Chefs der Center, ihr müsst das ändern!«, warf ich in die Runde. Als Antwort erhielt ich einen Dreiklang müden Lächelns.

»Wir sind alle hier nur kleine Lichter. Wir führen nur aus.

Reden hilft nichts, auf uns hört man nicht. Sie müssten mal nach Nürnberg gehen!«

Ich fuhr nicht in die fränkische Hauptstadt. Wohl aber klemmte ich mich so lange dahinter, bis der damalige Chef der Bundesagentur für Arbeit, Heinrich Alt, sich auf den Weg nach Augsburg in unsere Näherei begab. Wir sprachen lange und ausführlich. Anschließend gingen wir durch die Produktion, und Alt unterhielt sich mit einigen meiner Ladys, die, zunächst noch verhalten, dann jedoch mit wachsender Aufmerksamkeit bereitwillig und ausführlich ihre Erlebnisse aus der Vergangenheit schilderten, offen und schonungslos. Fast zwei Stunden lang nahmen wir unsere großgesellschaftliche Aufgabe wahr: Wir redeten miteinander und erhoben unsere Stimme dort, wo sie gehört werden sollte. Und wurde.

Als der Besuch zu Ende war, herrschte beinahe ausgelassene Stimmung in der Halle. Man konnte spüren, dass viel Ballast den Raum verlassen hatte, weil meine Mitarbeiter ihre Chance und Pflicht wahrnahmen, sich das Erlebte von der Seele zu reden. Viele Ladys zeigten sich verwundert darüber, dass ihnen jemand von ganz oben, der Chef der BA, einer, den sie, wenn überhaupt, nur aus den Nachrichten kennen, aufmerksam zuhörte, interessiert fragte und tiefer nachhakte. Es war keine Genugtuung, die meine Ladys empfanden, vielmehr Zufriedenheit. Zugleich wuchsen in ihnen Stärke und Stolz, weil sie den Mut aufbrachten – und redeten. »Jetzt weiß ich, was du meintest mit Mitsprachepflicht. Man soll sagen, was man will. Ob das Gespräch heute mit dem Chef vom Jobcenter etwas gebracht hat, weiß ich nicht. Man kann ja auch nicht immer alles sofort ändern. Aber er kann nicht mehr behaupten, er weiß von nichts«, sagte Moni zu mir.

Dieser hochrangige Besuch war Grundstein für uns, das

Reden wieder zu entdecken und den Sinn dahinter zu verstehen. Reden hilft uns, Missverständnisse aus der Welt zu räumen und Verständnis füreinander aufzubauen. Manchmal ist es auch einfach nur befreiend und gut, entlastend, dass man darüber geredet hat.

Wenn mir etwas nicht gefällt, sage ich es

*Lob allein wächst nur nach oben,
Kritik bringt nach vorne.*

Sprache ist etwas Wunderbares. Sie ist unser Instrument, das uns hilft, miteinander ins Reden zu kommen, uns auszudrücken und zu verständigen. Sie prägt Gemeinschaft im Kleinen wie Gesellschaft im Großen. Durch ihre Tonlage können wir unsere Gemütslage widerspiegeln und durch das gesprochene Wort verschiedenste Gefühle hervorrufen. Manchmal verstehen sich zwei falsch, obgleich sie die gleiche Sprache sprechen. Andere verstehen sich wortlos, weil sie dieselbe Sprache sprechen. So einfach oder schwer uns Worte über die Lippen kommen, so komplex ist die Sprache in ihrer gesamten Anwendung. Ich selbst habe in den zehn Jahren, die ich *manomama* mittlerweile begleiten darf, meine Sprache geändert, ohne sie zu wechseln. Sie ist schlichtweg einfacher geworden. Manche meiner langjährigen Freunde meinen, ich drücke mich inzwischen weniger gewählt aus, direkter oder gar grober. Meine Kolleginnen und Kollegen hingegen empfinden sie als klar und verständlich. Früher fand ich Anglizismen nice, und zwischendrin durften es gern auch lateinische Ausdrücke sein. Schließlich sollte mein großes Latinum für irgendetwas gut gewesen sein. Während meiner beruflichen Zeit als Werber war die Art, wie ich sprach, weder auffällig noch außergewöhnlich. Vielmehr reihte ich mich ein und übernahm den Sprachgebrauch, der in dieser Branche üblich war. Manager pflegen ihren eigenen Sprachstil, Ingenieure ihren Jargon, die Jugend ihren Slang, und Werber sprechen nun mal werbisch. Sprache verbindet und ermöglicht Kommunikation. Gleichzeitig sorgen ihre Varietäten nicht selten für Irritationen. Dabei entstehen Missverständnisse weder aus der Sprache selbst noch aus dem Gebrauch ihrer individuellen Ausprägungen. Es liegt, wie so oft, am Anwender, an uns, indem wir unseren Gesprächspartner falsch auslegen.

Der Sprechende sagt oftmals, was und wie er es für richtig erachtet, und der Hörende nimmt auf, was er für richtig hält oder hören will. Dazwischen liegt das Eigentliche und meist die Wahrheit. Das macht Sprache, ihren Gebrauch und das damit verbundene Ziel, die Kommunikation, so schwer. Um miteinander reden zu können, müssen wir demnach zunächst einmal sicherstellen, dass wir im wahrsten Sinne des Wortes dieselbe Sprache sprechen. Erinnern wir uns an den Unterschied zwischen Inklusion und Integration, erkennen wir den Wert der Sprache. Sie ist der Schlüssel zur Integration. Sie ermöglicht die Aufnahme in eine soziale Gruppe, den Anschluss an eine Lebenswelt. Sie ist die Eintrittskarte in die kleine Gesellschaft.

Als wir bei *manomama* das Reden begannen, bemerkten wir schnell, dass uns einige Grundlagen der Kommunikation fehlten: Sprache an sich, deren Umgang und ihr Verständnis. Zahlreiche Kolleginnen und Kollegen mit internationalen Wurzeln verfügten, wenn überhaupt, nur über geringe Sprachkenntnisse. Über die drei besagten Fragen kamen viele nicht hinaus. Weil wir uns untereinander selbst mit Übersetzungshilfen verständigten, konnten wir die Lücke für jeweils einzelne Problembewältigungen überbrücken, ein gemeinsames Reden jedoch gestaltete sich als schwierig. Inklusion erfuhr jeder bei *manomama* von Anbeginn, nun aber begann die Integration. Wir entschieden, deutsch zu sprechen. Was zunächst fast schon intolerant klingt, war die einzige Möglichkeit, eine gemeinsame Basis für die Kommunikation zu schaffen. Selbst unsere Kolleginnen, die stumm und gehörlos sind, hatten dadurch die Möglichkeit, mit jedem zu kommunizieren, denn alle drei können exzellent Lippen lesen, verstehen aber nur deutsch. Muttersprachler achteten ab diesem Zeitpunkt auf eine klare Aussprache und einfache Wortwahl und wurden so zu wahren Integrationshelfern. Gleichzeitig brachte diese Anstrengung auch zu Tage, wie wenig wir in unserem Alltag aufeinander achtgeben und uns helfen, Wissen zu teilen, denn aus der intensiveren Auseinandersetzung miteinander entstanden Fragen, die irgendwann, je nach Lernkurve des Einzelnen, sogar beantwortet werden konnten.

Am meisten hat mich verwundert, dass unterschiedliche Sprachkenntnisse nur wenig davon abhängen, wie lange sich jemand in einem Sprachraum aufhält. Während Mahmoud bereits nach neun Monaten in Deutschland akzentfrei und fließend deutsch sprach, benötigte Suley, mein längster Kollege und vom ersten Tag bei *manomama* dabei, über zwanzig Jahre, um sich einigermaßen verständigen zu können. Heute können wir uns flüssig unterhalten, vor Jahren noch gestaltete sich dies schwierig. Der Grund dafür war, so erzählte mir Suley, fehlende Inklusion und ausbleibende Integration. Bereits in jungen Jahren kam er als Textilarbeiter in unser Land. Während die deutschen Kollegen stets die Tagschicht übernahmen, mussten er und seine türkischen Kollegen zumeist nachts arbeiten. »Warum also sollte ich mit meinen türkischen Kollegen deutsch sprechen? Da lernen wir ja nur das Falsche. Außerdem ging es so schneller«, sagte er.

Nun ist es mit der Sprache wie mit dem Joggen: Die ersten Gehversuche sind mühsam, anstrengend und zäh. Je öfter man sich jedoch bewegt, umso einfacher wird es. Irgendwann läuft es. »Mach dir keinen Gedanken«, sagt Ehsan oft zu mir mit einem Grinsen, wenn ich länger außer Haus bin und er den Betrieb koordiniert. Dann lache ich und verbessere nach wie vor: »Keine Gedanken. Ich mache mir keine Gedanken!« Darauf folgt stets ein: »Du musst dir auch keine zwei machen!« Als wir in der Lage waren, derart humorvoll miteinander zu sprechen, wussten wir, dass wir unser gemeinschaftliches Ziel erreicht hatten: Wir schufen die Basis, um miteinander richtig reden zu können – und standen damit prompt vor einem nächsten Problem.

Sprache ist Teil unserer Persönlichkeit und unserer kulturellen Identität. Sie ermöglicht es, uns in eine soziale Gruppe zu integrieren oder uns bewusst von anderen abzugrenzen. Über unseren sprachlichen Gebrauch lässt sich erkennen, wie wir denken. Wortwahl entstammt stets einer Haltung. Sprache prägt Gesellschaft. Verroht sie, verkümmert die Gemeinschaft. Wird sie von Beginn an nicht gepflegt, entsteht keine Bindung unter, sondern Diskriminierung durch Menschen. Blicken wir in soziale Netzwerke und tauchen ein in die Diskussionswelt auf Facebook, Twitter & Co., lässt sich feststellen, dass wir längst nicht mehr nur von sprachlicher Verrohung sprechen können. Uns ist nicht nur der gute Ton abhandengekommen, wir fallen anstandslos übereinander her. Die Würde des Menschen mag unantastbar sein, aber nirgendwo steht, dass sie nicht gedisliked und gebashed werden darf. So verhalten wir uns. Weil die digitale Welt keine eigene ist, sondern Teil unserer gesamten, zieht diese sprachliche Verwahrlosung auch in unser reales Umfeld. Damit zerstören wir unsere Gesellschaft.

Hinzu kommt, dass Menschen, die sich über die Sprache in unsere Gemeinschaft integrieren, aufnehmen und annehmen, wie wir, die Muttersprachler, uns ausdrücken. Unsere Worte weise zu wählen, wäre eine gute Strategie. Wir jedoch plappern vor uns hin gemäß dem Motto: »Das wird man ja noch sagen dürfen …«

Weil wir bei *manomama* lange Zeit keine gemeinsame sprachliche Basis für eine Verständigung hatten, pflegte jeder ebenso unbekümmert seine Art. Erst mit wachsendem Verständnis für die einzelnen Worte in der Gruppe fiel auf, dass Sprache zwar der Integration dient, Sprachkenntnisse allein aber noch keine Gemeinschaft gründen. Mehr noch: Vor der sprachlichen Integration hatte sogar mehr Gemeinschaft geherrscht. Mit zunehmender Sprachsicherheit zog auch das Verstehen des Gesprochenen ein. Und wie sollte ein Zugehörigkeitsgefühl entstehen, wenn man nun verstand, was das deutsche Band, das sich in den Pausen im Eck traf, besprach? Warum sollte eine asiatische Kollegin Teil einer Gruppe sein wollen, die sie durch Worte beleidigt? Die nächste Hürde, die wir nehmen mussten, war also gelebter, unterbewusster Alltagsrassismus und Diskriminierung.

»Wo sind denn die Zuschnitte?«, fragte ich in die Runde.

»Bei der Fidschi«, antwortete mir eine Kollegin.

»Bei wem?« hakte ich nach. Ich kenne jeden meiner Ladys und Gentlemen beim Namen. Aber mir war nicht bekannt, dass wir Zuwachs bekommen hatten.

»Die Asiatin da hinten«, sagte eine andere. Dann erst dämmerte es mir. Sie meinten Nguyen, eine Kollegin aus Thailand.

»Wieso nennt ihr Nguyen Fidschi?«, fragte ich verwundert.

»Weil wir immer schon Asiaten Fidschis nannten im Osten. Das ist nichts Schlimmes, das meinen wir ja nett«, wiegelte eine ältere Kollegin ab. Ich hingegen fand es unsäglich. Nguyen war ebenfalls alles andere als begeistert.

»Ladys, bitte! So was dürft ihr nicht sagen. Das ist verachtend. Euch beschimpft ja auch niemand. Das ist rassistisch.«

»So ein Blödsinn, Sina! Wir mögen die Fidschi doch«, bekam ich zur Antwort. »Da dürfte man ja bald gar nichts mehr sagen!«

Diese Situation im Kleinen zeigte exakt auf, wie es heute auch in der großen Gesellschaft zugeht: Sprache, Gesellschaft – alles um uns herum ist im Wandel. Wir aber sind nicht in der Lage, unsere Denkmuster und Handlungsgrundsätze zu hinterfragen und anzupassen an die neuen Gegebenheiten, weil vielen von uns das Verständnis dazu fehlt. Was früher problemlos über die Lippen kommen durfte, ist heute, zu Recht, ein frontaler Angriff auf unsere Mitmenschen. Das zu erfassen, gelingt nicht allen. Sie fühlen sich missverstanden und beharren auf ihrem bisherigen Sprachgebrauch.

Und wenn es schon Vorbildern in unserer Gesellschaft schwerfällt, ihre Sprache anzupassen, dann wird das für den einfachen Menschen nahezu unmöglich. Bayerns Innenminister Herrmann saß vor einer Weile in einer Talksendung und sagte: »Roberto Blanco war immer ein wunderbarer Neger, der den meisten Deutschen wunderbar gefallen hat.« Zufällig sah ich diese Sendung und, obgleich ich durchaus von robuster Natur bin, die nicht jedes Wort auf die Goldwaage legt, fiel mir schlichtweg die Klappe herunter. Ein Staatsminister bedient sich klar rassistischer Sprache, dachte ich in diesem Moment und war schockiert. Wenn man die darauf einsetzende Diskussion in den Medien sowie die Erklärung des Ministers selbst mitverfolgte, bemerkte man zwischen dem ganzen Trubel, dass der Alltagsrassismus von Herrmann nichts anderes als erlernte Gewohnheit war, die ihm ohne nachzudenken über die Lippen kam. Selbstverständlich ist solch eine Wortwahl nicht zu entschuldigen, und dennoch müssen wir Verständnis aufbringen. Es braucht Zeit, um Denkmuster zu ändern.

Minister Herrmann war einfach noch nicht so weit. Wie einige meiner Ladys eben. Ich selbst habe ebenfalls eine gute Weile benötigt, um meine Sprache meiner Haltung anzupassen. Im Pixie-Buch meiner Kindheit ging Conny noch auf Weltreise zu den Wilden, das Lieblingsspiel meiner Jugend, Trivial Pursuit, beinhaltet immer noch die Frage, welcher Neger der erste Oscargewinner war, und mein Pausenbrot in der Grundschule war oftmals eine Mohrenkopfsemmel. Ich wuchs, wie viele meiner Generation, in einer Zeit auf, in der einst völlig normale Wörter zu rassistischen Diskriminierungen wurden. Anfänglich hatte ich kein Verständnis für die in meinen Augen neue Sensibilität. Wieso durfte ein Gericht weiterhin Jägerschnitzel, plötzlich aber nicht mehr Zigeunerschnitzel heißen? Ohne Erklärung von anderen wären mir bis heute Einsicht und Änderung vielleicht schwergefallen.

Am längsten benötigte ich übrigens, meine Sprache an Geschlechtergerechtigkeit auszurichten. Als Frau, die sich seit Beginn ihrer beruflichen Karriere immer schon gegenüber Männern rechtfertigen und sich in rein maskulinen Kreisen durchsetzen musste, empfand ich das Anpassen und Erweitern unserer Sprache um weibliche Formen als nicht notwendig, zuweilen geradezu gestelzt. Ebenso verhielt es sich mit meiner Einstellung zu Frauenquoten. Ein fester Anteil würde, so meine frühere Haltung, nur Quotenfrauen hervorbringen. Heute jedoch weiß ich, dass Gerechtigkeit mit Wahrnehmung beginnt. Und diese muss auf allen Ebenen geschehen, auch auf der sprachlichen. Heute bin ich Unternehmerin und mein Konzern-Pendant Vorständin, ich spreche nicht mehr von Kollegen, sondern von Kolleg*innen oder erwähne gleich beide. Sprache prägt Gesellschaft, und wie wir uns ausdrücken, so wünschen wir uns die Welt, in der wir leben. Deshalb sollte uns die Pflege unserer Sprache jede Erklärung wert sein, denn es ist eine Investition in unsere soziale Gemeinschaft.

Die Vorschlaghammermethode, also kategorisch zu verbieten, etwas weiterhin zu sagen, bleibt indes auf Dauer erfolglos. Dann wird, was verpönt oder verboten ist, hinter vorgehaltener Hand getuschelt und setzt sich weiterhin in Hirn und Haltung fest. Um eine Veränderung ernsthaft in die Gänge zu bringen, braucht jeder Mensch einen Grund, weshalb er diese mitmachen sollte, und eine Erklärung, warum das Gegenwärtige ein Update benötigt. Fehlt beides, endet dies in einem weiteren großen Graben, der unsere Gesellschaft durchzieht. Auf der einen Seite stehen diejenigen, die bereits den Wandel vollzogen und ihre Sprache sorgsam adaptiert haben, auf der anderen Seite finden sich jene ein, die das Gefühl haben, ihrer Meinungsfreiheit beraubt zu werden. Weil wir kaum mehr die Zeit finden, Erklärungen für das Warum und Weshalb zu erfahren, wächst die Zahl derer in unserer Gesellschaft, die mittlerweile laut artikulieren, man dürfe kaum mehr etwas sagen.

Im November vergangenen Jahres trieb selbst die Medienlandschaft ihr Schindluder damit. Anstatt gute Gründe zu liefern und verständlich für alle zu formulieren, warum wir uns sprachlich wandeln müssen, wurde allenthalben über Meinungsunfreiheit lamentiert und über Studien berichtet, wonach 63 Prozent der Deutschen das Gefühl hätten, nicht mehr alles sagen zu dürfen. Das war Wasser auf die Mühlen derer, die mit ihren Sprach- und Meinungsspielchen längst dabei sind, unsere Gesellschaft zu pulverisieren: die Rassisten und Faschisten. Sie nutzen gezielt das Wording, was manch einem noch unbewusst über die Lippen gleitet. Schluchtenscheißer, Kanacken, Kümmeltürken und Spaghettifresser – Charakterisierungen von Menschen aus anderen Ländern zum Beispiel, wie sie bis heute aus unbedachter Gewohnheit, blankem Unwissen oder aus Gründen des ewiggestrigen Humors nach wie vor über viele Lippen gehen und längst aus allen Sprachwortschätzen gestrichen gehören. Es ist wichtig, hierfür ununterbrochen das Bewusstsein zu wecken, denn wie meinen Ladys und Gentlemen, wie möglicherweise auch dem Minister aus Bayern geht es noch vielen, die etwas unbedacht, weil erlernt, formulieren und gar nicht bemerken, wie verletzend sie heute damit sind.

Um uns in einem Umfeld wohl zu fühlen, braucht es Würde, Wertschätzung, Motivation und Anerkennung. All diese Werte werden maßgeblich durch Sprache zum Ausdruck gebracht. Damit dies gelingt, müssen wir voneinander wissen, ob wir auf derselben Ebene kommunizieren. Darüber hinaus ist es notwendig, offen zu kommunizieren. Zu oft fehlt uns der Mumm, der Mut, zu sagen, wenn uns etwas nicht gefällt. Unser Gegenüber hingegen kann ohne ausbleibende Reaktion nicht erfahren, ob er einen Fehler gemacht hat. Deshalb stand als weiterer Punkt auf meiner Liste: »Wenn mir etwas nicht gefällt, sage ich es.« Es geht um Kritik am Verhalten der anderen, um gemeinsam einen Raum zu schaffen, in dem sich jeder wohl fühlen kann. Auch hier gebrauchen wir unsere Sprache, verwenden dabei aber oftmals die falschen Worte.

Weil wir Worte der Beanstandung sehr oft als persönliche Beleidigung aufschnappen, reagieren wir auf Kritik empfindlich. Niemand von uns hört gern, was wir falsch gemacht haben oder besser hinbekommen könnten. Der Umkehrschluss funktioniert ebenfalls: Weil wir selbst ungern in der Kritik stehen, tun wir uns schwer, unsere Mitmenschen direkt zu kritisieren. Wir bevorzugen allzu oft um eines falschen Friedens willen das Schweigen, fressen unseren Ärger buchstäblich in uns hinein und schlucken unsere Wut hinunter. Das entfernt uns voneinander. Paart sich die ausbleibende Kritik, die notwendig ist, um sich selbst und die Gruppe weiterzuentwickeln, mit belanglosem Gemecker, zerbricht auf längere Sicht jede Gemeinschaft. Gleiches geschieht, wenn Kritik nötig ist, aber nicht formuliert werden kann. Ein »Du baust permanent nur Scheiße« half niemandem bei uns weiter, denn »Scheiße« als einzige Erklärung für etwas Falsches zu geben, war zu wenig. Es diente lediglich der kurzfristigen Gemütserhellung des Kritisierenden.

Wir nahmen uns deshalb alle die Zeit und redeten darüber, was uns nicht gefiel. Dies dauerte eine ganze Weile, denn dieser Prozess gestaltete sich nicht einfach. Während einige dauernd am Schnattern waren, kamen andere überhaupt nicht zu Wort. Dritten wiederum fehlte schlichtweg der Mut, zu artikulieren, was ihnen missfiel. Deshalb gab ich uns gemeinsam die Zeit, in kleinen, spontanen Gruppen, etwa während der Mittagspause oder auf eine Tasse Kaffee im Rauchereck, innerhalb eines lockeren Gesprächs mitten im Band oder eben unter wenigen Augen und Ohren in meinem Büro herauszufinden, was uns nervt. Zudem installierte ich einen Kummerkasten. Damit jeder mitbekam, dass es diesen nun gibt und für jeden die Möglichkeit des anonymen Meckerns bestand, ließ ich alle abstimmen, wo wir ihn aufstellen sollten. Die Entscheidung fiel auf die jeweiligen Toiletten, um eine absolute Diskretion zu gewährleisten. Über all diese Maßnahmen und Gespräche lernten wir, einander zuzuhören und konstruktive Kritik zu formulieren. Schon bald änderten sich komplette Handlungsmuster. An die Stelle der Frage: »Was war falsch?« trat: »Wie können wir es zukünftig besser machen?«, schließlich war der Grund des Fehlers bereits ausführlich erklärt. Wurde früher ein Fehler oder Missstand mit »So eine Scheiße!« bekundet, lieferten wir uns fortan den Fehler als vorangehende Schilderung für die Frage, wie man einander helfen kann, dass das nicht mehr vorkommt. Diese Veränderung in der Kommunikation und im Umgang miteinander ließ uns gleichzeitig große Schritte im fachlichen Fortkommen vieler machen. Obgleich ich angenommen hatte, diese Art der Schulung nicht zu benötigen, merkte ich mit zunehmender Aufmerksamkeit, wie sehr ich selbst die konstruktive Kritik vernachlässigt hatte. Auch ich war nicht wirklich gut darin, meinen Ladys und Gentlemen Hintergründe zu liefern. Ich schob es auf die Zeitnot, nicht allen immer im Detail alles erklären zu können. In Wahrheit jedoch war ich zu bequem und musste wieder lernen, mir die Zeit zu nehmen.

Gleichzeitig war ich regelrecht abgestumpft, denn die Stumpfheit der anderen macht mürbe. Bis heute erreichen mich täglich Briefe und Mails, in denen mir Menschen ihre gesamte Gülle überkippen. Sie nennen es Kritik. Das aber ist keine Kritik. Es ist bodenlos respektloses Verhalten unzufriedener Menschen, die sich jemanden herauspicken, um an ihm als Projektionsfläche ihren Frust und Hass abzulassen. Selbst jetzt, während ich diese Zeilen schreibe, kam gerade der Postbote und überbrachte mir eine Karte, in der, natürlich anonym, kritisch betrachtet wird, was nur aus mir geworden sei. Da steht: »Du bist sehr überheblich! Du predigst Wasser und trinkst Wein! Welt retten? So? Lächerlich!« Es ist ein wunderbares Beispiel dafür, wie Kritik bei mir an Stellenwert verlor. Jemand, den es selbst auf Nachfrage bei Google nicht gibt, kritisiert ohne jegliche Erklärung einen Menschen und dessen Taten, den er nicht persönlich kennt. Weil dies auf unterschiedlichsten Kanälen so oft passiert, beginnt derjenige, den diese Kritik treffen soll, sich nicht mehr damit zu beschäftigen. Zu mühsam ist im Sammelbecken des dauerhaften Bashens berechtigte und sachliche Kritik zu finden. Die Gefahr, die dadurch entsteht, ist der Wertverlust echter Kritik. Gleichzeitig verkümmert das eigene Können in der Kunst konstruktiven Kritisierens. Gemeinschaft jedoch lebt von der Kommunikation, und jeder in ihr wächst durch Kritik. Probleme bleiben bestehen, Lösungen weiterhin versteckt und neue Wege unentdeckt, wenn wir alten Mustern hinterherhängen. Nur durch fundierte Kritik werden wir angeregt, uns immer wieder mit uns selbst und unserem Handeln auseinanderzusetzen, zu reflektieren und neue Optionen zu entdecken. Deshalb ist es so wichtig, zu sagen, wenn uns etwas nicht gefällt. Noch wichtiger dabei ist, es konstruktiv zu formulieren.

Nicht nur in unserer direkten Lebenswelt, auch in unserer gesamten Gesellschaft ist kritisches Hinterfragen notwendig. Ob als Konsument, Arbeitskraft oder Funktionsträger, auch die große Gesellschaft funktioniert nur, wenn wir an ihr teilnehmen und sie gestalten durch Mitmachen. Resignation und Aufgeben ist das falsche Signal an gesellschaftliche Missstände. Auch im Großen brauchen wir, was im Kleinen funktioniert: sachliche Kritik als Grundlage für die gemeinsame Lösungsfindung. Als Bürger arbeiten wir uns jedoch unreflektiert an Politikern ab, statt die politischen Handlungen zu betrachten. Umso weniger sollte verwundern, wenn Funktionsträger sich als Antwort mehr mit sich selbst und der persönlichen Findung beschäftigen, statt sich um das gesellschaftliche Fortkommen zu bemühen – die SPD bot in jüngerer Zeit ein ausdauerndes Schauspiel. Schlimmer noch: Sticht einmal ein Politiker durch eine gepflegte Debattenkultur heraus, wie etwa Philipp Amthor, gilt er als altbacken. Die wenigsten, die sich seit seiner Popularität an dessen Aussehen und Kleidungsstil abarbeiten, haben jemals eine Rede Amthors im Bundestag gehört. Dann nämlich müsste man anerkennen, dass dieser junge Mann, ungeachtet der Parteizugehörigkeit, reden kann, Kritik formulieren und Raum für Wachstum schaffen kann. Sachlich fundiert und stilvoll Kritik zu formulieren, kommt also nie aus der Mode und sollte unbedingt wieder Trend werden, wenn wir möchten, dass unsere Gesellschaft nach vorne kommt.

Dabei ist wichtig, dass wir nicht nur wiederentdecken und lernen, Kritik richtig auszusprechen, sondern auch die richtige Kritik anbringen. Während wir in unserer eigenen Lebenswelt, in der wir persönliche Beziehungen zueinander pflegen, unseren Mitmenschen eben ganz persönlich sagen können, was uns nicht gefällt, ist dies in der Gesamtgesellschaft fehl am Platz. Hier müssen wir uns unserer Rolle bewusst sein. Als Konsument kann ich konstruktive Kritik an die Wirtschaft adressieren, als Bürger die Politik kritisch hinterfragen. Als Teil eines Systems gilt es, das System zu gestalten, dabei aber nicht persönlich zu werden. Ob im Kleinen oder Großen: Bedacht formulieren zu können, was uns nicht gefällt, zeigt die Wertschätzung, die wir uns selbst entgegenbringen. Dies darüber hinaus in konstruktive Kritik zu formen, bringt mit sich, dass wir uns würdevoll verhalten und es vorleben.

Geschieht bei uns ein grober Fehler, und das kommt durchaus einmal vor, etwa wenn Gewebe mit den falschen Modellen verschnitten wird, ein veraltetes Logo auf nagelneue Taschen gedruckt wird, die richtigen Etiketten an der falschen Tasche vernäht werden, ist dies nicht nur ärgerlich, sondern zieht jedesmal eine lange Erholungsstrecke nach sich. Unsere Produkte haben nur minimalste Margen, sodass es eine lange Zeit benötigt, um einen fünfstelligen Schaden abzutragen. Deshalb ist es auch verständlich, dass diejenigen, die einen groben Schnitzer verursachten, vom Team selbst, und manchmal auch von mir, verbal deutlich gerügt wurden. Abgesehen von der Tatsache, dass dieses destruktive Verhalten weder den Fehler ungeschehen macht, bringt es auch keine Verbesserung für die Gemeinschaft. Auch wenn es mich aufgrund meines temperamentvollen Gemüts äußerst viel Disziplin gekostet hat, mir eine andere Verhaltensreaktion anzueignen, es hat sich gelohnt. Geschieht heute ein Fehler größeren Ausmaßes und werde ich zur Klärung gerufen, sind die ersten Worte: »Fehler passieren, wenn man macht.« Oft folgen dann Zustimmung und gleichzeitig Erklärungen, warum es passiert ist. Die Ruhe in den klärenden Gesprächen schafft die Möglichkeit der unmittelbaren Reflektion. Zusammen entscheiden wir anschließend, wie sich der begangene Fehler

künftig vermeiden lässt. Viele Fehlerquellen konnten so er-
mittelt werden: weil niemand Angst haben muss, für etwas
Falsches würdelos getadelt zu werden, sondern konstruktiven
Zuspruch erfährt, für Lösungen, die Prozesse besser machen.

Ich respektiere meine Kollegen und verunsichere sie nicht durch Beleidigungen, Gerüchte und Geschwätz

Neid entstellt den schönsten Menschen.

Nun wissen wir, dass dieselbe Sprache uns eint, dass Reden uns einander näherbringt und konstruktive Kritik für den Zusammenhalt einer Gesellschaft zentral ist. Dies sind alles kleine Schritte, die sauer verdient und kräftezehrend gegangen werden, nur langsam Früchte tragen und trotz aller Mühe auch im Nu wieder zerstört werden können. Etwa dann, wenn die gewonnene Sicherheit des Einzelnen in der Gruppe erneut erschüttert und destabilisiert wird. So war das auch bei *manomama*. Was wir bei aller Konzentration aufs Reden nicht bedachten, war, dass es Momente gibt, in denen sich besser das Schweigen durchsetzen sollte. »Ich respektiere meine Kollegen und verunsichere sie nicht durch Beleidigungen, Gerüchte und Geschwätz« wurde ein weiterer Punkt auf der Liste, die ich aushänge. Diese zerstörerische Kommunikationstroika war es nämlich, die uns kaum vom Fleck kommen ließ, wie sehr wir uns auch anstrengten.

Ich hatte lange beobachtet, was etwa Auslöser waren für Beleidigungen, Gründe für Gerüchte und der Anlass für Geschwätz. Nun sind diese Phänomene keineswegs *manomama*-spezifisch, überall begegnen wir ihnen. Ob im Freundeskreis, in den sozialen Netzwerken, im eigenen Betrieb, all solches Gerede kann meiner Einschätzung nach auf einen einzigen Grund zurückgeführt werden: Neid. Was mich betrifft, kenne ich ihn nur passiv: Ich selbst habe nie Neid oder Missgunst empfunden, vielleicht weil ich weiß, wie viel Anstrengung und Kraft, wie viel Scheitern und erneutes Aufstehen hinter jedem Erfolg steckt. Wenngleich ich ihn nicht empfinde, kommt er mir regelmäßig entgegen, durch Beleidigungen, Gerüchte und Geschwätz.

Ich kann dazu nur sagen: Neid entstellt den schönsten Menschen. Und trotzdem geben sich so viele ihm hin. Neid ist eine der sieben Todsünden und hat die fatale Eigenheit, weder dem Neidenden noch dem Beneideten große Freude zu bereiten. Dennoch ist nicht alles schlecht am Neid. In seiner positiven Form ist er ein probates und ausdauerndes Motivationsinstrument. Zumindest so lange, wie der Neidende annimmt, aus eigener Kraft zu erlangen, was er einem anderen neidet. Wird das in absehbarer Zeit nicht erreicht, schlägt der Neid schnell ins Negative um. Manche Menschen sparen sich übrigens die motivierende Phase und hegen von Beginn an blanken Neid gegenüber Materiellem wie Immateriellem, was nicht in ihrem Besitz ist, aber ihrer Ansicht nach sein sollte. Diese negative Variante ist es, die uns unsicher und unzufrieden werden lässt. Wir beginnen zu grübeln. Warum hat jemand, was ich nicht habe? Weshalb kann er etwas, was ich nicht kann? Mit einer Kette aus Wieso-Weshalb-Warum-Fragen strangulieren wir unser Selbstvertrauen. Die Kraft reicht nicht mehr aus, uns selbst aus der Misere zu ziehen. Also müssen Mechanismen her, die leichter von der Hand gehen.

Da kommt das Gerücht geradezu wie gerufen. Wenn wir uns einmal den Werdegang eines Gerüchts ansehen, werden wir feststellen, dass sich das Streuen von Gerüchten anbietet, um dem eigenen Neid Befriedigung und dem Beneideten Schaden zu verschaffen, und zwar ohne jeden Aufwand. Ein Satz an der richtigen Stelle platziert, und schon ist die Büchse der Pandorra geöffnet: In kürzester Zeit verbreitet sich die Nachricht in Windeseile in alle Richtungen, ohne weiteres Zutun der Person, die sie in die Welt setzte. Das Faszinierende an Gerüchten im Vergleich zu öffentlich artikulierten Informationen ist, dass sie, wie jede mündlich weitergetragene Nachricht, sofort der Interpretation und Veränderung unterliegen. Wir alle kennen noch aus dem Kindergarten das beliebte Stille-Post-Spiel. Was vorn der Erste formulierte, war manchmal selbst mit viel Fantasie am Ende nicht mehr zu rekonstruieren.

So funktionieren auch Gerüchte. Darüber hinaus werden sie, ebenfalls anders als öffentlich formulierte Informationen, etwa Pressemitteilungen, Nachrichten, offizielle Ansprachen, ohne kritisches Hinterfragen geglaubt. Diese Glaubwürdigkeit hängt damit zusammen, dass Gerüchte von Person zu Person weitergetragen werden und beide im Moment der Weitergabe aufgrund des exklusiven Kreises die Annahme pflegen, man habe keinen Grund zur Lüge. Oft verpuffen Gerüchte irgendwann, wenn keinerlei Substanz den Wahrheitsgehalt belegt. Und dennoch: Ein Gschmäckle bleibt immer am Geschädigten hängen.

Während der Grund, Gerüchte in die Welt zu setzen, unterschiedlichster Natur sein kann, ist die Bezahlung für den Initiator stets dieselbe: Anerkennung und Aufmerksamkeit. Durch die Geschichte selbst erfährt der Streuende die Aufmerksamkeit der anderen, und die Anerkennung erhält er fürs Teilen der wertvollen Information. Wenn also jemand seiner Selbstsicherheit beraubt wurde, ist es ein altbewährtes Mittel, über Gerüchte und die damit verbundene Aufmerksamkeit und Anerkennung sich selbst wieder ein Stück weit ins Spiel zu bringen. Wie auch beim Neid ist nicht jedes Gerücht schlecht. Manche, der klassische Klatsch und Tratsch über Prominente, sind schlichtweg unterhaltsam, andere einträglich. Eine ganze Branche lebt vom Säen von und von Wetten auf Gerüchte: die Finanzbörsen und ihre Jongleure. Wenn jedoch Gerüchte in die Welt gesetzt werden, die der Jurist als üble Nachrede einstuft oder die durch unwahre Geschichten die eigene Position erhöhen, zersetzt dies Gemeinschaften.

Mir selbst war lange nicht klar, wie abstrus die Wege eines Gerüchts sein können, bis ich es selbst erfuhr. Als mir meine Kollegin Gerda nebenbei von unserer hausinternen Stillen-Post-Filiale erzählte, wurde mir zum ersten Mal der Weg eines Gerüchts bewusst. Ich habe die Geschichte oben schon angedeutet: Kurz nachdem wir darüber sprachen, durchforstete ich meinen gesamten Twitter-Account über einen längeren Zeitraum, um den besagten Tweet zu finden, auf den sich Gerda bezog. Nach einer Weile fand ich ihn. Ich hatte geschrieben: »Weniger ist mehr. Das gilt in allen Lebensbereichen.« So weit, so gut. Daraus, so wurde mir berichtet, las eine Kollegin, ich plane eine Massenentlassung. In den darauffolgenden Tagen kursierte diese Nachricht durch verschiedenste Reihen und Bänder, bis die Geschichte, die mittlerweile das Ende von *manomama* und die Schließung der Firma beinhaltete, von Gerda selbst als blödes Geschwätz beendet wurde. Weil Gerda glücklicherweise über eine größere Glaubwürdigkeit verfügte als die Hebamme der Fake News, konnte sie das Gerücht beenden.

Ich hingegen ließ es nicht auf sich beruhen. Zunächst ermittelte ich die Urheberin der Mutmaßung, was keine große Sache war. Ich kenne meine Pappenheimer und meine Pappenheimer mich. Nach einem kleinen »Tipp« aus Reihe 4 ging ich zum Band gegenüber. Dort saß die Lady, die meine Tweets im Netz akribisch mitlas und analysierte. In einem Gespräch versuchte ich herauszufinden, was der genaue Beweggrund war für das Gerücht, das zahlreiche Ladys und Gentlemen exakt an dem Punkt einschüchterte, an dem sie am verwundbarsten sind: ihre Arbeit, das wiedergewonnene Selbstvertrauen und die damit verbundene soziale Teilhabe. Zu meiner Überraschung zeigte sich die Kollegin sehr offen, wofür ich wiederum sehr dankbar war, denn ich war nicht darauf aus, ihr die Leviten zu lesen oder etwa zum Gegenangriff überzugehen. Ich wollte sie schlichtweg verstehen. Das wusste sie, sie kannte mich. Am Ende unserer Unterredung hatte ich beinahe Mitleid, denn ich konnte ihre Beweggründe nachvollziehen. Sie stand kurz vor der Verrentung und entwickelte mit jedem Tag, mit dem sie näher auf den Austrittstermin schritt, Neid gegenüber ihren Kolleginnen und Kollegen. Sie wollte einfach nicht gehen. So nahm sie meinen Tweet als Steilvorlage für ihre brandheiße Nachricht. Als sie bemerkte, wie schnell ihre unbedachte Äußerung die Runde machte, sei es schon zu spät gewesen, um gegenzusteuern. Also ließ sie es einfach laufen, in der Hoffnung, es würde sich verlieren.

»Wenn du etwas behauptest, was nicht nur mich oder eine andere einzelne Person betrifft, sondern alle, die wir hier sind, wird es so lange die Runde machen, bis das Gegenteil bewiesen ist. Sei froh, dass Gerda die Notbremse gezogen hat. Eines würde mich aber interessieren: Wieso hast du erzählt, du hättest die Aussage von mir?«, fragte ich sie.

»Damit es echter klingt. Ich meine, du hast das doch auf Twitter geschrieben, oder?«

»Ich schrieb, dass weniger mehr ist und nicht, dass alles ein Ende hat«, entgegnete ich und beließ es dabei. Ich hatte ihre Handlung verstanden und gleichzeitig erkannt, dass dies in Zukunft nicht mehr vorkommen darf. Allen voran musste sie mir versprechen, keine Gerüchte mehr in die Welt zu setzen. Vor allem nicht, weil sie weiterhin bei uns sein kann, wenn sie wollte. Ich bot ihr an, über die Rente hinaus bei uns zu arbeiten. Das macht sie bis heute. In guter Laune, ohne Geschwätz und Gerüchte.

Spannend für mich war vor kurzem, dass dasselbe Gerücht, das einst in unseren eigenen Reihen kursierte, von außen in die Welt gesetzt wurde. Als eine Tageszeitung berichtete, ich hätte meinen privaten Wohnsitz von Augsburg nach Hamburg verlegt, zerrissen sich manche die Mäuler unter dem Artikel. Schönster Auszug: »Da hat sie sich zehn Jahre die Gehälter vom Arbeitsamt bezahlen lassen, und jetzt sind die Taschen voll, schließt das Werk und haut ab nach Hamburg«. Das Schöne: Meine Ladys und Gents wussten längst, dass und warum ich meine Augsburger Wohnung am Wochenende gegen die in Hamburg eintausche. Weil sie eingeweiht waren und unter der Woche weiterhin voll über mich verfügen konnten, perlte dieses Gerücht an ihnen ab. Sie waren vielmehr erzürnt darüber, wie sich ein Außenstehender nur so blödsinnig verhalten kann. Mir hingegen zeigte es, dass es etwas bringt, miteinander zu reden. Und dass Gerüchte keine Chance haben, wenn Mitglieder in einer Gruppe sicher und selbstbewusst sind.

Das zweite Element in der zerstörerischen Kommunikationstroika ist das Geschwätz. Viele halten Geschwätz für eine lästige Unart, die dem unmittelbaren Umfeld auf längere Sicht gehörig auf die Nerven geht. Andere wiederum lieben Klatsch und Tratsch und können gar nicht ohne. Damit jedoch verharmlost man einen echten Wegbereiter. Kein Gerücht hat eine Chance auf Erfolg, wenn es nicht durch Geschwätz vorbereitet und begleitet wird. Jedes Gemauschel, jede angedeutete Halbwahrheit, hier ein Fetzen Mutmaßung, dort eine Prise Befürchtung, bereitet einen fruchtbaren Boden für ein gut funktionierendes Gerücht. Die festen Charaktere und selbstbewussten Mitglieder einer Gruppe geben bekanntlich nichts auf das Geschwätz anderer. Wer aber über ein Informationsdefizit verfügt oder an Unsicherheit und Selbstzweifeln leidet, nimmt dankbar jeden Halbsatz auf und reiht sich ein in den Kreis zum Kaffeeklatsch, allein um dazuzugehören. Geschwätz gründet im Neid auf die anderen, die bereits in Gesellschaft sind, und der Sehnsucht, dort ebenfalls Platz zu nehmen. Dass aus einer inhaltsleeren Plauderei schnell ein schädigender Klatsch oder ein Unruhe stiftendes Gerücht entspringen kann, wird dabei in Kauf genommen.

Der natürlichste Grund fürs Gerede ist unsere soziale Ader. Wir Menschen sind nicht nur gern in Gesellschaft, wir brauchen den sozialen Austausch. Durch belangloses, zuweilen humorvolles Geplauder halten wir uns auf dem Laufenden und in Verbindung. Ich habe dabei jedoch die Erfahrung gemacht, dass selbst der sogenannte gepflegte Smalltalk wohl erlernt sein will. Wer jahrelang nur wenig soziale Kontakte hatte, ist auch nicht firm in der Kommunikation mit anderen wie auch in der Einschätzung von Situationen.

Während der Aufbauphase von *manomama* saß ich täglich mit an der Maschine. Heute hingegen bin ich tagsüber sehr viel unterwegs und verbringe dann oft die Nacht vor der Nähmaschine, um neue Ideen zu testen oder Produkte zu entwickeln. Meine Ladys und Gentlemen hingegen, die zu dieser Zeit ihren wohlverdienten Feierabend genießen, sehen dies nicht und wissen damit auch nicht darüber Bescheid. Als ich mich vor einigen Monaten seit langem mal wieder tagsüber, also sichtbar für alle, hinsetzte, begleitete prompt ein lautstarkes Geschwätz meine Anwesenheit. »Ach, schau an, die kommt auch mal wieder zum Arbeiten!« Ich musste mich nicht umdrehen, um zu wissen, aus welcher Ecke die flapsige Bemerkung kam. Ebenso sparte ich mir jegliche Reaktion, denn ich hatte Verständnis. Die Aussage ging einer Kollegin über die Lippen, die aufgrund ihres schwierigen Charakters nur schwer Anschluss an die Gemeinschaft findet. Für sie ist Arbeit nur Arbeit, wenn diese an der Nähmaschine verrichtet wird. Schließlich kennt sie ihr Leben lang nichts anderes. Bürotätigkeiten oder etwa Kundenbesuche sind in ihren Augen Freizeit. Nur wer näht, arbeitet, ist ihre Einstellung. Die belanglose Plauderei war zudem sicher auch lustig gemeint. Nur lachte niemand. Und ich überhörte es einfach.

Alle Elemente der Sprache und des kommunikativen Miteinanders müssen also erst wieder vermittelt werden, übers Reden, Kritisieren und eben auch Plaudern. Sehr schnell wird ein ungeübter Smalltalker zum uncharmanten Schwätzer, gerade wenn er versucht, übers Geschwätz Zugehörigkeit und Gehör zu erhalten. Dann nämlich wird aus belanglosem Geplänkel schnell schädliches Gerede. Da wird ohne bösen Hintergedanken ein wenig ausgeschmückt, verdreht und überzogen und im Eifer der Erzählung die Privatsphäre und das Vertrauen beschädigt, um das Gesagte so interessant wie möglich zu machen. Dies lässt sich kaum vermeiden, denn je sensationeller, erschreckender und skandalöser ein

Geschwätz, umso mehr Aufmerksamkeit erfährt der Erzählende. Dadurch erlangt er, wonach er strebt und was er den anderen neidet: das Gefühl der Zugehörigkeit.

Entwickeln sich aus lapidarem Geplänkel gar boshaftes Geschwätz, verletzende Beleidigungen bis hin zur üblen Nachrede, nehmen Neid und Hass vollends überhand. Getrieben von Rachegelüsten, Eifersucht und voller böser Absicht geht der Verleumder mit Hingabe seinem Ziel nach: dem Rufmord. Was früher, vor Zeiten der grenzenlosen Kommunikation über das Internet, durchaus mühsam war, auch weil man vorsichtig sein musste, da bei Überschreiten der Grenzen des Legalen umgehend eine Strafanzeige ins Haus flatterte, ist heute aufgrund der schnellen, digitalen und anonymisierbaren Kommunikation, deutlich einfacher. Selbst der deutsche Innenminister warnte im SPIEGEL vor der »Verrohung unserer Gesellschaft« (4/11/2019). Sicherlich kann man hinterfragen, inwieweit der politische Funktionsträger zu dieser Entwicklung beigetragen hat. Das aber schmälert nicht die Richtigkeit seiner Aussage. Offen werden Politiker und öffentliche Personen mit dem Tod bedroht, verleumdet und beleidigt.

Viele sehen in den sozialen Netzwerken die Hauptursache der Verrohung. Das wäre aber zu einfach. Soziale Netzwerke sind mittlerweile in ihrer Gesamtheit gesehen ein Spiegel der Gesellschaft. Während vor zehn Jahren, als Facebook, Twitter und Instagram noch neu waren, zunächst nur Teile unserer Gesellschaft solche Plattformen nutzten, ist heute die Nutzerstruktur bunt gemischt und ergibt ein Abbild unserer gesellschaftlichen Zusammensetzung. Zahlreichen Untersuchungen zufolge hegen bis zu 20 Prozent der erwachsenen Bevölkerung extreme Ansichten: Frauenfeindlichkeit, Rassismus, Antisemitismus. Was also immer schon existierte, zog auch in die sozialen Netzwerke ein. Der einzige Unterschied zwischen realer und digitaler Welt ist die Möglichkeit der ortsunabhängigen Vernetzung. Ein Nazi, allein am sonntäglichen Stammtisch, fiel nicht weiter auf. 10 000 Nazis in einer Facebookgruppe hingegen fühlen sich erstarkt, bündeln ihren Hass, den wir nun konzentriert erleben.

Hinzu kommt die Möglichkeit der allzu leichten Anonymisierung. Verschiedenste Dienste bieten in Zeiten von Datenschutz und digitaler Privatsphäre Usern an, deren Kommunikation sicher zu verschleiern. Was für den einen ein Vorteil, wird für den anderen zum Nachteil. Verleumdungen, Beleidigungen und üble Nachreden können so bequem und anonym dem Empfänger ins Postfach gesendet werden. Vor vielen Jahren wurde ich selbst Opfer eines ausdauernden Verleumders. In verschiedenen Foren und unter zahlreichen Presseartikeln postete er Unwahrheiten, böswillige Unterstellungen und schlichtweg würdelose Verleumdungen. Ich erstattete Anzeige, und bereits kurze Zeit später musste der Übeltäter eine Unterlassungserklärung unterschreiben.

Leider geht das heute, rund sechs Jahre später, nicht mehr so einfach. Nach wie vor erhalte ich weiterhin Einschüchterungsversuche verschiedenster Art, angefangen von Vergewaltigungsdrohungen bis hin zum Wunsch nach meinem Tod. Als ich es nicht mehr aushielt, ging ich 2019 erneut zur Polizei. Ich legte die Mails vor, und die technischen Spezialisten des BKA analysierten unsere Server und mein Postfach. Ergebnislos. Der Staat ist machtlos, der Betroffene ohnmächtig, und die Täter machen weiter. Das ist, was wir Verrohung der Gesellschaft nennen. Zwar bringt es nichts, schärfere Gesetze für mehr Transparenz und Überwachung auf den Weg zu bringen, da wir stolz auf unsere Freiheit sein sollten. Dennoch müssen wir dort beginnen, wo der Ursprung des Hasses liegt: im Neid gegenüber anderen. Ihm entspringt Geschwätz, Gerücht und Beleidigung. Er ist verantwortlich dafür, was unserer Gesellschaft zusetzt und sie zersetzt. Wir müssen darauf achten, dass wir der zerstörenden Kommunikationstroika gar nicht erst aufsitzen. Deshalb achten wir bei *manomama* darauf, einander nichts bösartig zu neiden. Das gelingt, indem wir miteinander reden. So schließt sich der Kreis.

Wenn ich meine Erfahrungen mit den vielen unterschiedlichen Menschen, die ich kennenlernen durfte, vergleiche, kann ich ein Muster feststellen: Ohne Neid leben die wenigsten, aber es gibt solche Menschen. Die Stärke des Neids beim Einzelnen hängt davon ab, wie sein bisheriges Leben verlief. Für mich ist völlig nachvollziehbar, dass Menschen, die jahrelang mit Entbehrungen zu kämpfen hatten und auf das vermeintlich gute Leben der anderen blicken mussten, statt daran teilzunehmen, größeren Neid entwickeln als Leute, die sorglos leben und konsumieren können. Insofern war Neid ein nachvollziehbares Problem in den Reihen von *manomama*. Wer jahrelang nur das Nötigste hatte und gleichzeitig die Chance auf eine Verbesserung verwehrt bekam, muss schlichtweg Emotionen wie Neid, Traurigkeit und Angst entwickeln. Die Frage, die sich mir stellte, war: Wie schaffe ich, meine Ladys und Gentlemen davon zu überzeugen, dass Neid sich nicht lohnt, denn er verursacht eine Endlosschleife. Zunächst macht er einsam. Einsamkeit wiederum zerstört das Selbstvertrauen. Um das dann wiederherzustellen und Anschluss in eine Gemeinschaft zu erhalten, beginnt der Neider das Schwätzen. Wie es weitergeht, habe ich oben bereits geschildert.

Neidempfindungen zu unterdrücken und in sich hineinzufressen, ist ebenfalls nicht von dauerhaftem Erfolg, sondern macht uns krank. Es gibt bereits erste Untersuchungen, die darauf hindeuten, dass Neid und Depressionen im direkten Zusammenhang stehen. Was also tun? Ich entschied mich fürs Reden. Es galt herauszufinden, was den Neid der Einzelnen nährte. Um es vorweg zu nehmen: Um schwere Lebenssituationen oder ordentliches Übergewicht wurde natürlich niemand beneidet. Selbst mir neidete niemand meinen Job. Der Neid gründete sich ausschließlich auf Materielles. Nichts also, was die Kolleginnen und Kollegen bei *manomama* im Besonderen betraf, sondern was sich seit vielen Jahren durch unsere Gesellschaft zieht. Dass wir heute einem besonders hohen Maß an Neid und Eifersucht begegnen, hat unbestritten mit der ungerechten Verteilung von Vermögen und Besitz zu tun.

Über die anderen Gründe, die die Bildung von Neid fördern, schweigen wir lieber, denn sie betreffen uns persönlich. Seit geraumer Zeit wird Heranwachsenden erzählt, sie hätten unzählige Möglichkeiten. Selbst Erwachsene motivieren sich mit den Standard-Parolen, dass alles möglich sei. Das ist jedoch Mumpitz. Weder ist alles möglich noch für jeden alles erreichbar. So sieht die Realität aus. Zum einen spielen nach wie vor die sogenannte Elitenabschottung, die fehlende Chancengerechtigkeit und die Herkunft des Einzelnen eine große Rolle, ob man Karriere macht und genug Geld verdient, um sich sorglos alles Materielle leisten zu können, was andere dann neiden. Zum anderen hat jeder von uns ein bestimmtes Maß und eine unterschiedliche Menge an Talenten in die Wiege gelegt bekommen. Natürlich kann man mit Fleiß ein Stück weit mangelndes Talent ausgleichen. Es wird aber der Moment eintreten, in dem der Begabtere sich durchsetzen wird. Der Verlierer des Karrierezweikampfes muss dann erkennen, dass eben nicht alles möglich ist.

Wenn heute viele Kinder von ihren ehrgeizigen Eltern für hochbegabt gehalten werden, sind Abstürze vorprogrammiert. Wer die gesamte Kindheit und Jugend hindurch vermittelt bekam, der Tollste und Klügste zu sein und alles erreichen zu können, der wird schmerzlich in der Realität ankommen. Weil wir uns jedoch vom Märchen der unbegrenzten Möglichkeiten nicht trennen mögen, wird der innere Frust über das eigene Stehenbleiben und das Fortkommen der anderen wachsen. Unlängst bat mich ein guter Freund um Hilfe. Er selbst wusste sich keinen Rat mehr, denn sein Sohn, der gerade den mittleren Schulabschluss mehr schlecht als recht in der Tasche hatte, war, wie viele junge Leute in der heutigen Zeit, beruflich völlig orientierungslos. Mit der Bitte, ich möge mich mit seinem Spross einmal unterhalten, schickte er ihn zu mir. Wenige Tage später saß ich bei einer Tasse Kaffee einem sehr freundlichen und sympathischen jungen Mann gegenüber. Ich erwartete aufgrund der Ausführungen seines Vaters, dass wir uns über verschiedene Berufe unterhalten würden, da der Sohn keine konkrete Vorstellung über seine berufliche Zukunft hatte. Dies war jedoch, gelinde gesagt, untertrieben. Die Überlegungen in Sachen Job waren nicht nur nicht konkret, sie waren schlicht nicht existent. Das Einzige, was der Teenager »wusste«, war, dass für ihn alles möglich sei. Und deshalb könne er sich nicht für eine Richtung entscheiden.

»Das stimmt einfach nicht!«, unterbrach ich ihn. »Du glaubst, unzählige Möglichkeiten zu haben. Ich habe keine Ahnung, wer dir das permanent in den Kopf pflanzt. Die Realität ist anders. Wenn du deine Fertigkeiten und Fähigkeiten, deine Talente, die du hoffentlich kennst, mal über die Möglichkeiten legst, dann werden aus unzähligen drei, vier echte Chancen. Die kannst du sehr wohl für dich testen und herausfinden, wo du am besten bist. Glaub mir, es wird sich lohnen. Du legst heute die Weichen dafür, dass du später mal niemandem etwas neiden musst, weil du zufrieden sein wirst!«

Kurze Zeit später erhielt ich eine WhatsApp-Nachricht des jungen Mannes. »Hey Sina, danke nochmal. Ich kann ja echt gut mit Menschen. Mach mein soziales Jahr, zumindest 6 Monate. Bis dahin habe ich bestimmt gefunden, ob ich in der Pflege gut bin und mir es Spaß macht. Danke!«

Was sich in jungen Jahren noch korrigieren lässt, ist mit zunehmendem Alter ein ernsthaftes Problem: Das Setzen auf die falschen Möglichkeiten garantiert das serielle Scheitern. Der Betroffene mag genauso fleißig sein wie ein anderer, der weiß, was er macht und kann, der Abstand wird gleichwohl immer größer, und der Neid wächst mit.

Zu guter Letzt gesellt sich zu Talenten und Möglichkeiten das liebe Glück dazu. Die einen haben es, die anderen lassen es liegen, und wieder andere verpassen es knapp. Jeder Erfolg benötigt auch ein Quäntchen Zufall. Mit harter Arbeit und großem Talent lässt sich viel erreichen. Wer aber nach Höchstleistungen strebt, braucht eben auch das Glück auf seiner Seite. »The winner takes it all«, sang ABBA vor Jahren, und so verhält es sich nicht nur in der Musik. Leistung und Talent lassen sich nicht in Relation mit Erfolg und Reichtum setzen. Am Ende braucht es Glück, das entscheidet, wer an die Spitze gelangt. Ausdauer, Fleiß, Talent und Leistung erhöhen lediglich die Chancen darauf.

Dies alles muss man sich immer wieder bewusst machen,

um die Sinnlosigkeit von Neid zu erkennen. Die einzige Folge, einem anderen sein Vermögen zu neiden, ist die eigene schlechte Laune. Gleichwohl bedarf es gesellschaftlicher Rahmenbedingungen, das Ausmaß der ungerechten Vermögensverteilung einzudämmen und zu reduzieren. In unserer kleinen Lebenswelt hingegen müssen wir den Neid verjagen und Zufriedenheit einziehen lassen. Dies gelingt uns, wenn wir uns nicht mehr fragen, wie wir das halbvolle Glas Wasser bis zum Rande gefüllt bekommen, sondern erkennen, dass wir mit der im Glas vorhandenen Flüssigkeit unseren Durst gestillt bekommen.

Wir sind ehrlich miteinander

Ehrlichkeit ist ein Geschenk des Vertrauens.

Wer behauptet, er habe noch nie gelogen, lügt. Jeder von uns tut es. Verschiedenste Studien berichten davon, dass wir an einem durchschnittlichen Tag rund zweihundert Mal flunkern. Die Zahl selbst scheint erlogen, denn den genauen Urheber kann niemand mehr ausfindig machen. Dennoch geistert diese Anzahl durch Wissenschaft und Medien. Die Rechtspsychologin Revital Ludewig hingegen spricht von »25 Mal am Tag«, während Regensburger Studenten unter Professor Lukesch ermittelten, dass jeder von uns 1,8 Lügen täglich formuliert. Wie oft und wo auch immer, in einem sind sich alle einig: Würden wir einander stets die blanke Wahrheit erzählen, wäre dies unserer Gesellschaft nicht zuträglich.

Für jemanden wie mich, der es bewusst mit der Wahrheit sehr genau nimmt, sind zwei wie 200 Lügen täglich eine beeindruckende Zahl. Beruhigend hingegen ist die Tatsache, dass das Lügen meist unterbewusst geschieht, zumindest die große Anzahl an Flunkereien. »Du siehst gut aus heute« gehört zu den gängigen Flunkereien wie auch: »Ich bin sofort da!« Diese kleinen Unwahrheiten nutzen wir zur Sicherung und Intensivierung sozialer Beziehungen – und gleichwohl bleiben es Lügen. Ich habe keine schlechten Erfahrungen bisher mit der Wahrheit gemacht, deshalb schätze ich sie so. Gut, manchmal möchte mein Gegenüber die Wahrheit gar nicht hören, gelegentlich reagiert mein Umfeld perplex, in den meisten Fällen jedoch nimmt einem die Wahrheit sowieso niemand ab. Bis heute glaubt mir kaum jemand meinen Werdegang, weil er so früh begann und so untypisch ist für unsere heutige Gesellschaft. Eine Jugendliche, die vor dem Abitur das Elternhaus ohne Erbe und Schulabschluss verließ, 25 Jahre später eine mehrfache Unternehmerin ist und Erfolg hat. An der Geschichte arbeiten sich seit Jahren viele ab, indem sie die Haken suchen.

Die lustigste Geschichte in Sachen Wahrheit passierte mir vor ungefähr sechs Jahren (und nun kann ich sie auch erzählen, denn der Protagonist der Geschichte ist politisch bereits in Rente): Ein TV-Sender bat einige Bürger, darunter mich, kurz vor den Bundestagswahlen 2014 in einer Livesendung die Kanzlerkandidaten zu interviewen. Während die eine Runde Angela Merkel befragte, waren am anderen Abend wir dran und sollten Peer Steinbrück, den Herausforderer Merkels, auf den Zahn fühlen. Am Ende der Sendung war unsere Aufgabe, dem Kandidaten eine Note zu geben, von eins bis sechs. Während meine Mitdiskutanten sich bei den Noten drei oder vier einpendelten, verlieh ich Steinbrück eine eins. Nach der Sendung verabschiedete sich der Kanzlerkandidat in unserem Kreis, nahm mich kurz zur Seite, wir wechselten einige Worte, anschließend ging er. Peter Klöppel, der Moderator der Runde, sagte, nachdem er Steinbrück und mich reden sah, zu mir: »Na, hat er sich für die Eins bei Ihnen wenigstens bedankt?« Ich antwortete lächelnd: »Nein, nein.«

»Warum haben Sie ihm überhaupt eine Eins gegeben?«

»Weil es für den Zuschauer doch nicht orientierend ist,

wenn ich ihm eine Drei oder Vier gebe. Mich hat er überzeugt.«

Eine kurze Weile später trafen sich alle Teilnehmer des runden TV-Tischs, ausgenommen Steinbrück, in der Hotellobby wieder. Auch ich kam, nachdem ich mich kurz frisch gemacht hatte, vom Zimmer in den Eingangsbereich und sah bereits die illustre Runde. Klöppel winkte mir zu und fragte: »Trinken Sie ein Glas mit uns mit?« Ich lehnte dankend ab, mit der Begründung, noch einen Termin zu haben. Er witzelte: »Ah, Sie gehen mit Herrn Steinbrück bestimmt einen trinken!« Darauf antwortete ich: »Nein, keinen trinken. Wir rauchen zusammen eine.« Lautes Gelächter begleitete meine Antwort, und ich musste auch schmunzeln. Denn was der Rest für eine schlagfertige Lüge hielt, war die reine Wahrheit und Inhalt unseres Vier-Augen-Gesprächs nach der Sendung. Peer Steinbrück und ich hatten uns verabredet, um zusammen eine Zigarette zu rauchen. Es gab auch ein Glas Wein dazu.

Wer stets die Wahrheit sagt, muss sich nie erinnern, was er einst erzählt hat. Eine Lüge hingegen will eingeübt werden, um ins Erinnerungsvermögen zu gelangen. Dorthin, wo die Wahrheit längst manifestiert ist durch Erfahrungen und Erlebnisse. Dass die reine Wahrheit dabei oft nurmehr zur halben wird, hängt daran, dass die halbe Welt sie schlichtweg nicht für glaubwürdig hält. Trotz aller Vorteile haben viele mit der Wahrheit so ihre Schwierigkeiten. Damit meine ich weniger die netten Charme-Lügen, etwa wenn wir einem Mitmenschen ein Kompliment für sein Aussehen aussprechen, obgleich beide wissen, dass das Gesagte nicht dem Zustand des Gesehenen entspricht. Diese Art der Lüge erfreut beide: denjenigen, der Trost in ihr findet, und den Trost

Spendenden. Wer von uns würde jemanden der Lüge bezichtigen, wenn man uns nach einer durchzechten Nacht mit
brummendem Schädel, tiefen Augenringen und zerzaustem
Haar sagt, man sähe gut aus? Es schmeichelt uns, muntert uns
auf, wir freuen uns darüber. Zumindest wenn es nicht völlig
übertrieben ist. Auch kleine, harmlose Alltagsflunkereien, sogenannte Butler-Lügen, nehmen wir niemandem krumm, sei
es die kurze WhatsApp-Nachricht »Bin gleich da!« oder ein
ins Telefon gerufenes »Ich mach mich auf den Weg«, während
wir noch nicht einmal unsere Sachen für den Aufbruch ge-
packt haben. Diese Art der Schwindelei ist nichts, was uns gemeinschaftlich schadet, im Gegenteil. Wissenschaftler halten
den Austausch solcher Unwahrheiten sogar für den Kitt einer
Gesellschaft, weil die netten Flunkereien immer intuitiv,
spontan, ohne nachzudenken erfolgen und dem Zwischen-
menschlichen dienen. Das Lügen also generell zu verteufeln,
wäre falsch, ausschließlich die Wahrheit zu sagen ebenso.

In der Geschäftswelt beispielsweise glauben wir, oftmals
die Notwendigkeit zu haben, auf eine Lüge zurückgreifen zu
müssen, um eine bessere Erklärung als die Wahrheit für einen
Missstand parat zu haben. Diese Lügen werden, im Unterschied zum freundlichen Alltagsflunkern, gut durchdacht
und vorbereitet. Sie entstehen nicht spontan, sondern nach
Plan und Drehbuch. Etwa wenn ein Liefertermin nicht ein-
gehalten werden kann oder ein Produkt fehlerhaft ist, weil
das Team schlichtweg nicht gut gearbeitet hat. Während meiner Zeit als Werber waren Erklärungslügen dauerhaft auf der
Tagesordnung, weniger gegenüber meinen Kunden als gegenüber deren Kunden, den Konsumenten. Da wurde viel Geld
investiert in Menschen wie mich, die aus schlampiger Forschung und Entwicklung oder wegen radikaler Sparpolitik

bunte Blumen blühen ließen. Es war eine Zeit, in der ich mich nach Wahrheit geradezu gesehnt habe. Diese Sehnsucht war sicherlich ein Grund, mich aus diesem beruflichen Leben auszuklicken und *manomama* zu gründen.

Von Anfang an war dort alles erlaubt, nur eines verbot ich mir selbst: die Lüge. Weder gegenüber Lieferanten noch gegenüber Kunden. Ich hatte es satt, stets Notizen zu führen, welche Geschichte wo gelandet war. Das Überraschende: Erklärungslügen, also die geplante Flunkerei, die wir im Geschäftsleben für notwendig erachten, sind überhaupt nicht nötig. Einzig durch Wahrheit lässt sich ein vertrauensvolles Verhältnis aufbauen, im Privaten wie Geschäftlichen. Denn überall sind wir Mensch und alle gleich. Wenn wir uns mit Respekt begegnen möchten, verdienen wir die Wahrheit. Auch wenn ich einige Male dachte, dass ich mir dadurch ernsthaft Probleme einhandeln würde, ist dies tatsächlich noch nie passiert.

Vor einigen Jahren beispielsweise bestellte der verantwortliche HAKA-Einkäufer der Metro, Markus Schlich, mehrere Tausend Jeans bei uns. Als ich die Menge sah und mir unsere damals mangelnde Erfahrung in der Konfektion klarmachte, ergriff ich schlichtweg das Telefon und rief ihn an. Ich beichtete ihm, dass ich keine Ahnung hätte, wann wir die avisierte Menge an Jeanshosen würden liefern können. Keine zwei Stunden später trudelte eine neue Bestellung des zentralen Einkaufs ein. Auf den ersten Blick schien sie gleich der ersten, der zweite Blick jedoch lohnte. Das Lieferdatum war entfernt. Statt Zahlen stand da nun: »Dann, wann Sina fertig ist.«

Und das war keineswegs ein Sonderfall. Auch bei anderen Kunden und Lieferanten funktioniert die Wahrheit. Selbst dann, wenn kein Problem offengelegt werden muss. Als meine

Ladys und Gentlemen zwei Wochen lang sehr viel Arbeit hatten, wollte ich ihnen einfach etwas Gutes tun. Das ist in einem Produktionsbetrieb mit laufenden Aufträgen und regelmäßigen Lieferterminen, die eingespielt sind, zwar nicht ganz einfach, aber nicht unmöglich. Ein Brückentag stand an, und diesen wollte ich allen ermöglichen. Kurzerhand rief ich bei beiden Kunden an, für die wir an diesem Tag gefertigt hätten: Edeka Südwest und tegut. Statt großer Ammenmärchen erzählte ich die Wahrheit. »Ich würde gerne den Freitag die Näherei schließen und einen Brückentag ermöglichen. Das heißt, die Lieferungen schaffen wir nicht bis zum Termin, sondern etwas später.« Statt ablehnender Antworten oder gar Empörung erhielt ich ein »Grüßen sie mir die Ladys schön und gute Erholung!« sowie ein »Das habt ihr euch verdient!«. Volle Wahrheit, keine Lüge.

Auch nach hinten, in unsere Produktionsabläufe, griff die Wahrheit um sich. Gerade in der Textilbranche geht oft etwas daneben. Ist das Gestrick nicht sachgerecht nach dem Färben aufgeschnitten oder wird es mit unterschiedlichem Zug aufgewickelt, endet dieser Fehler beim Kunden mit sich schräg ziehenden T-Shirts. Wird ein Jeansgewebe nicht ordentlich ausgerichtet, dreht sich beim Kunden nach der ersten Wäsche das Bein der Hose. Schlägt die Schwarzfärbung fehl, wird erneut übergedruckt. Die wenigen Wäschen, die ein Kleidungsstück heute aushalten muss, bringen den Fehler selten zutage. Achtet man bei der Verarbeitung nicht auf gleiche Farbchargen, unterscheiden sich Ärmel und Körper in der Farbnuance. Passiert diese Unachtsamkeit bereits beim Garn, färbt sich der Stoff unterschiedlich an. Meist wird dann verschleiert, optimiert und geschwiegen, in der Hoffnung, dass der Nächste in der Verarbeitung es nicht bemerkt. Am Ende entsteht ein qualitativ mäßiges Produkt, weil einer oder mehrere in der Fertigungskette gelogen haben. Der Leidtragende ist stets der Nächste in der Wertschöpfungskette und am Ende der Käufer. In unserer Wertschätzungskette, ob Spinner, Weber, Färber oder für uns in der Konfektion, ist Wahrheit deshalb oberstes Gebot, denn wir fahren schlichtweg besser mit ihr. Wir vertrauen einander und gehen offen miteinander um. Das macht uns stark und widerstandsfähig, gerade in dem Haifischbecken des internationalen Wettbewerbs.

Wahrheit lohnt sich und wird langfristig belohnt. Leider hatte sich das zunächst nicht bis zu meinen Kolleginnen und Kollegen herumgesprochen. Da wurde geflunkert, dass sich die sprichwörtlichen Balken bogen. Manchmal war die Schwindelei so offensichtlich, dass sie gleich erkannt wurde, oftmals aber stellte sich eine Wahrheit erst später als Lüge heraus. Je länger die Entdeckung dauerte, umso größer waren die darauffolgende Enttäuschung und der Vertrauensverlust bei den anderen. Die einen logen mehr als die anderen, einige logen gravierender, andere wiederum, indem sie gar nichts sagten und nur nickten. Das gesamte Maß an Schwindeleien entpuppte sich erst, als wir begannen, aus der Arbeitsgruppe ein echtes Team, eine Gemeinschaft zu gestalten.

Weil wir vorher aufgrund von Sprachbarrieren und in voller Konzentration auf die Arbeit nur wenig redeten, gab es auch nicht viel zu lügen. Mit dem Grad an Kommunikation nahm jedoch auch die Flunkerei zu. Das führte dazu, dass trotz aller Bemühungen kaum Vertrauen untereinander aufkam. Deshalb kam der Punkt auf meine Liste: »Wir sind ehrlich miteinander.« Ehrlich zu sich selbst zu sein, kann niemand von einem Mitmenschen verlangen, denn dies ist wohl die Kür der Wahrheit. Aber wir mussten beginnen, ehrlich untereinander zu sein, um Vertrauen aufzubauen, damit jeder immer alles sagen kann.

Für mich war dabei wichtig, herauszufinden, wer und weshalb jemand die Lüge der Wahrheit vorzog, mal abgesehen von den charmanten Alltagsschwindeleien, die ja Schmierstoff für unsere Gemeinschaft waren. Ich begann, mich intensiv mit Lügenstrategien auseinanderzusetzen, aber es war völlig vergeblich. Zwar verriet mir eine Menge Fachliteratur, dass Lügner entlarvt werden könnten. Männer fassen sich laut Wissenschaft verräterisch oft an die Nase, wenn sie lügen. Da eine Lüge unweigerlich Stress verursacht, stellen sich, so die Begründung, die Nasenhaare auf; und weil Männer mehr davon haben, kitzelt es sie stärker als Frauen, weshalb sie sich beim Lügen öfter ins Gesicht greifen. Eine wertvolle Erkenntnis, gerade in einer Gruppe, die nahezu ausschließlich aus Frauen bestand. Auch ändern Menschen ihre Tonlage, wenn sie lügen. Allerdings ändern meine russischen Kolleginnen permanent ihre Tonlage, meine italienischen singen selbst das Deutsche, und in Asien ist der Wechsel der Tonlage Teil der Grammatik.

Dieselbe Herausforderung findet sich in der Gestik und Mimik. Wenn wir mit ausgestrecktem Zeige- und Mittelfinger einen Sieg oder »Peace« symbolisieren, fluchen wir für Engländer, Iren und Australier. Und den anerkennend hochgereckten Daumen empfinden meine Kolleginnen aus Russland als eine grobe Beleidigung. Dieselbe Gestik kann ganz unterschiedliche Bedeutungen haben. Das hat zwar noch nichts mit einer Lüge zu tun, kann aber zu Fehlinterpretationen führen. Nicken und Kopfschütteln hingegen waren Puzzleteile der Lösung, denn es sind die Gesten, die genau das Gegenteil besagen können. Wenn Havla auf eine Frage mit dem Kopf schüttelt, ist das für uns die erlernte Geste für »nein«, sie hingegen hat in ihrem Geburtsland Indien gelernt, dadurch Zustimmung zu signalisieren. In Albanien, Bulgarien und vielen weiteren Staaten im östlichen Süden ist das Nicken, welches wir mir »Ja« verbinden, ein »Nein«. Viele Antworten, die wir einander gaben und als vermeintliche Lüge kategorisierten, waren überhaupt keine. Es waren Missverständnisse. Keine falschen, wie man es oft hört, wenn man einer Lüge auf die Schliche kommt, sondern ein echtes Falschverstehen. Die Kolleginnen antworteten wahrheitsgemäß in ihrer kulturellen Gestik, die in unserem Umfeld zur Schwindelei mutierte. Schnell einigten wir uns darauf, künftig stets sprachlich zu antworten, und es wurde besser. Viel besser. Aber alles andere als gut.

Nach wie vor zogen sich zu viele Flunkereien durch unsere Reihen. Die Gründe dafür waren so unterschiedlich wie die Menschen, die bei uns sind. Aus Bescheidenheit, wie es gern in besser situierten Kreisen geschieht, log bei uns niemand. Mir fiel auf, dass unsere asiatischen Kolleginnen es mit der Wahrheit nicht sehr genau nahmen. Ebenso auffallend war jedoch der Zeitpunkt, zu dem das Lügen überhandnahm. Kein einziges Mal verschaffte sich eine Kollegin dadurch einen persönlichen Vorteil. Es wurde dann geflunkert, wenn das ganze Team am Band in Schutz genommen werden musste. Natürlich spielt dabei eine Rolle, dass die Gruppe dem Einzelnen Schutz bietet. Aber es war mehr als das. Als ich zu Zeiten der Werbeagentur für einige Jahre im asiatischen Raum arbeitete, war mir schon dort in der Zusammenarbeit mit heimischen Kollegen, Marketingleuten aus China, Japan und Singapur, aufgefallen, dass ihr gesamtes Handeln kollektiv ausgerichtet ist. Selbst der Morgensport in der

Firma. Bei uns hingegen wird deutlich selbstbezogener agiert. Das sah ich übrigens durch meine unwissenschaftliche Analyse der Schwindeleien bestätigt. Menschen ohne Migrationshintergrund scheuten nicht davor zurück, sich den einen oder anderen individuellen Vorteil zu erschwindeln. Oder aber sie bedienten sich schlichtweg der Gruppe, um von eigenen Fehlern abzulenken. Was auch immer es war, es wurde weiter geflunkert. Oftmals ging es schlichtweg darum, Aufmerksamkeit zu bekommen.

Ein sehr trauriges Beispiel aus jüngster Vergangenheit ist die Geschichte der Marie Sophie Hingst. Die 31-Jährige war eine bekannte Bloggerin und Journalistin. Nun ist es in unserer modernen Gesellschaft, die geprägt ist von herausragenden Persönlichkeiten oder Menschen, die sich für solche halten, immer schwieriger geworden, aus der Masse herauszustechen und eine exponierte Stellung einzunehmen. Wenn die eigene Geschichte oder die eigenen Talente hierfür nicht ausreichen, muss eben nachgeholfen werden. So wurde aus einer jungen Frau nach eigenen Erzählungen eine Enkelin von Opfern des Holocaust. Ihre Lüge fädelte die studierte Historikerin wasserdicht ein, und unzählige Menschen rührten ihre Texte zu Tränen. Bis ein Reporter des Nachrichtenmagazins *Spiegel* die gesamte Geschichte als erlogen aufdeckte. Kurze Zeit später wurde Hingst tot aufgefunden. Man vermutet Selbstmord. Den *Spiegel* selbst ereilte eine Weile später ebenso das Problem der Lüge: Sein Star-Reporter Claas Relotius entpuppte sich als notorischer Geschichtenerzähler und systematischer Lügner. Dies alles nur, um Aufmerksamkeit zu erhalten und in den Genuss der damit verbundenen Attribute Ruhm, Erfolg und Anerkennung zu kommen. Gerade solche Beispiele zeigen, dass wir uns im Kleinen wie im

Großen gegenseitig mehr Aufmerksamkeit schenken sollten, um niemanden zu veranlassen, dafür lügen zu müssen.

Bei *manomama* konnten wir die Flunkereien mit Verständnis, mittels Aufklärung der kulturellen Verschiedenheiten und durch das gegenseitige Geben von Sicherheit und Vertrauen Stück für Stück abbauen. Es dauerte allerdings eine ganze Weile, bis die reflexhafte Suche nach dem eigenen Vorteil dem Gemeinsinn zu weichen begann.

Nicht immer also ist die reine Wahrheit zu empfehlen, und manche Lügen sind der Gemeinschaft durchaus dienlich. Grobe Schwindeleien hingegen, um Aufmerksamkeit oder einen persönlichen Vorteil zu erlangen, mögen zwar im Einzelfall nachvollziehbar sein, sind aber eine akute Gefahr. Sie zersetzen Gemeinschaft. Auch ich musste hier einiges lernen. Wer lügen kann, verfügt über ein gewisses Maß an Sozialkompetenz. Schließlich muss man vertraut sein mit dem Verhalten von Menschen, Bescheid wissen über gängige Umgangsregeln und, das ist am wichtigsten, in der Lage sein, sich vorzustellen, was in anderen Personen an Gefühlen, Bedürfnissen und Erwartungen vorgeht. In den Kognitionswissenschaften spricht man von »theory of minds«, in einfacher Sprache würde ich es so formulieren: »Ich spüre, wie du fühlst.« Wenn wir lügen können, nutzen wir gegenüber der Person, die wir belügen möchten, einen Wissensvorsprung. Wir wissen etwas im Detail, was der andere nicht weiß. Dann funktioniert eine Lüge. Um das jedoch zu erkennen, braucht es schlichtweg Sozialkompetenz.

Oft sagen wir unbedacht, wir wären gar nicht in der Lage zu lügen. Das aber stimmt nur bei den wenigsten und trifft wohl insbesondere auf Menschen zu, deren soziale Kompetenzen wenig ausgeprägt sind, vielleicht sogar so wenig, dass man sie Autisten nennt. Auch wir haben ein autistisches Team-Mitglied, und bei ihm kann sich jeder, immer, sicher sein, die Wahrheit, sei sie noch so bitter, zu erfahren. Insofern braucht es also ein sicheres Sozialverhalten, um lügen zu können. Wer dieses Instrument manipulativ einsetzt, bringt eine gehörige Portion an sozialer Kompetenz mit. Das macht es so gefährlich, denn man erwartet es nicht. Einzelne Personen sind in der Lage, aufgrund ihres herausragenden Talents andere zu lesen und zu deuten und sie für ihre Zwecke durch Lügen zu manipulieren und zu steuern.

So schaffte es eine einzelne Lady, unsere gesamte Gemeinschaft in großen, dauerhaften Aufruhr zu versetzen. In kürzester Zeit gelang es ihr, durch gezieltes Streuen von Schwindeleien Missgunst, Eifersucht, Hass und Neid einziehen zu lassen. Weil dies dezent geschah, zog still und leise eine soziale Klimakatastrophe auf. Da wurde hier gestreut, Kollegin A hätte mehr Urlaubstage, und dort erzählt, Kollege B verdiene mehr. Die einen werden um Gefallen gebeten und anschließend in kleiner Runde dafür zur Sau gemacht, und anderen wird bei Dritten zu Unrecht etwas zur Last gelegt. So spinnt sich ein dichtes Netz aus Lügen über eine gesamte Gemeinschaft, bis sich niemand mehr traut, der Spinne entgegenzutreten. Die Einzige, die es wagte, ihr Paroli zu bieten, bekam die Quittung nach altem Rezept: Lügen, Lügen, Lügen, die irgendwann zur Wahrheit werden und die Betroffene der Ächtung preisgeben. Je engmaschiger das Lügengebilde, umso sicherer fühlt sich der Erbauer und beginnt, leichtsinnig zu werden. Manchmal gesellt sich die Gier dazu, und es kommt zu Fehlern. Gelegentlich reicht eine kleine Unaufmerksamkeit, und das mühsam erbaute Kartenhaus wird entdeckt – und fällt zusammen. In meinem Fall war es die einzige fristlose Kündigung eines Menschen in meiner 25-jährigen Unternehmertätigkeit. Zum ersten Mal begleitete ich einen Mitarbeiter bis zur Firmentür und schloss sie – hinter ihm. Für immer.

Dass dies eine Ausnahme blieb, war dem anschließenden Verarbeiten zu verdanken. Auf einmal kamen aus verschiedensten Ecken Ladys und Gentlemen und fragten, erzählten, wollten Genaues wissen. Über die gemeinsame Kommunikation und das Reden wuchs erneutes Vertrauen. Beherzt hielt ich ein flammendes Plädoyer für Ehrlichkeit. Ich warb dafür, dass wir das mühsam geschaffene Vertrauen untereinander nicht mehr gefährden dürfen. Dafür braucht es das Engagement aller: »Fragt immer sofort. Seid ehrlich zueinander. Lasst keine Missverständnisse aufkommen. Wenn ihr etwas nicht verstanden habt, bittet um Klärung.« Bis heute halten wir uns daran. Über die Jahre sind wir eng zusammengewachsen, so eng, dass wir uns die Wahrheit unverblümt um die Ohren hauen. Ja, ich freue mich, wenn meine Ladys sagen: »Sina, du siehst scheiße aus. Geh mal schlafen!«.

Wir helfen einander

> Wenn jeder einem anderen hilft,
> ist allen geholfen.

Ich saß im ICE 586 nach Hamburg und freute mich sehr, als ich kurz nach Göttingen zufällig den Text des Newsticker-Bands auf dem in der Mitte des Gangs angebrachten Monitor las. Dort stand: »+++ Bitte beachten Sie: aufgrund der Entscheidung, einen Umweg zu fahren, die Schnellstrecke, werden wir Hannover pünktlich erreichen. :-) +++«. Als ich in Ingolstadt einstieg, schleppte der Zug bereits eine mehr als halbstündige Verspätung mit sich. Ich war genervt, weil ich, so schien es, den Anschlusszug in die Hansestadt nicht erreichen und damit zu einem für mich sehr wichtigen Termin nicht pünktlich eintreffen würde. Gleichzeitig weiß ich als dauerfahrender Bahn-Gast, dass immer mal etwas dazwischenkommen kann und ich wohl schlichtweg einen Zug zu spät gefahren bin. Weil der Lokführer und das gesamte Team in der Fahrplanung jedoch ganze Arbeit leisteten und die 36 Minuten kurzerhand rausgefahren wurden, erreichte ich mein Ziel nach Plan. Deshalb überzog ein breites Dauergrinsen mein Gesicht, das selbst, als ich ausgestiegen war und auf den Anschluss wartete, keine Kraft einbüßte. Ich war einfach glücklich darüber, dass mir die Beteiligten bei der Bahn geholfen haben.

Mit mir stieg eine junge Frau, vielleicht Mitte zwanzig, aus und hielt ebenfalls Ausschau nach dem erwarteten Anschlusszug. Dabei sah sie mich die ganze Zeit an. Dass sie mich fest fokussierte, war mir bereits im Zug aufgefallen. Dort hatte sie zwei Reihen versetzt von mir gesessen und mir ebenfalls bereits eine Weile ins Gesicht gestarrt. Fast regungslos, sehr konzentriert. Es war mir etwas unangenehm, aber ich wollte nicht fragen, warum sie mich dauernd ansah. »Vielleicht habe ich irgendwas im Gesicht?«, dachte ich und griff zum Handy, öffnete die Foto-App, schaltete auf den Selfiemode und sah mich an, als wäre es im Spiegel. Dort sah ich mich: lachend, mit strahlenden Augen, fröhlich, ohne Salatblatt zwischen den Zähnen und ohne Loriotsche Nudel an der Unterlippe. Beruhigt ließ ich das Smartphone wieder in den Mantel gleiten, stieg in den gerade eingefahrenen Zug und nahm meinen reservierten Platz ein. Mir gegenüber setzte sich – die junge Dame. Und fokussierte mich weiter. Ich entschied mich, mir meine gute Laune nicht zerstören zu lassen und sie auch nicht auf ihr für mein Empfinden komisches Verhalten anzusprechen. Menschen sind unterschiedlich, dachte ich mir, und nicht alle muss man verstehen. Kurzerhand nahm ich meinen Laptop aus dem Rucksack und legte ihn auf den Tisch. Da blieb er leider liegen. Ich konnte mich nicht aufraffen, ein wenig zu arbeiten. Zum einen, weil ich zu gut gelaunt war, zum anderen, weil ich mich unter Beobachtung fühlte. Also sah ich verlegen aus dem Fenster. Kurze Zeit später, es war etwa auf Höhe Celle, sagte die junge Dame auf einmal: »Vielen Dank«. Zunächst reagierte ich nicht. Schließlich konnten die Worte nicht an mich gerichtet gewesen sein. Dann, nach wenigen Augenblicken, beugte sich die junge Frau leicht über den Tisch, sah mich noch intensiver an und sagte erneut, diesmal eine Nuance lauter: »Vielen Dank«. Ich hingegen lehnte mich zurück in den Sessel, mein Dauerlächeln wich einem verdutzten Ausdruck, während ich mich »Äh ...«

stammeln hörte. Sie beugte sich noch weiter über den Tisch. Als ich merkte, dass sie mir etwas mitteilen wollte, scheinbar so, dass es nicht alle im Großraumwagen hören sollten, kam ich ihr etwas entgegen.

»Danke, dass ich sie so lange ansehen durfte. Sie haben so positiv gewirkt. Wirken sie immer noch. Sie haben mir sehr geholfen!« Mein Lächeln war gänzlich verschwunden, und ich sah sie mit fragenden Augen an. Flüsternd schilderte sie, dass sie sehr unsicher sei, wenn sie sich auf Reisen befindet. Sie sei sehr ängstlich, erzählte sie. Bei direkten Verbindungen wäre es nicht so schlimm, aber diesmal war wieder einer dieser Reisepläne, bei denen sie umsteigen musste. Immer kurz vor dem Zugwechsel gerate sie geradezu in Panik, ich müsse mir das vorstellen wie Flugangst, nur in der Bahn. »Aha«, sagte ich und wusste nicht, ob ich einen verwunderten oder verständnisvollen Unterton getroffen hatte. »Und was hat das, wenn ich fragen darf, mit mir zu tun?«

»Ich brauch dann immer einen Punkt, am besten etwas Positives. Auf das muss ich mich konzentrieren, dann bekomme ich die aufkommende Attacke in den Griff. Deshalb sah ich sie die ganze Zeit an. Oft drehen sich die Leute weg oder reagieren genervt, Sie aber haben es einfach geschehen lassen. Und mir sehr geholfen. Danke!« Völlig perplex ob der Erklärung ihres Verhaltens murmelte ich ein leises »Bitte, bitte!«, legte meinen Kopf ans Fenster, sah die Landschaft an mir vorbeifliegen und empfand tiefgründige Zufriedenheit.

Der Lokführer half mir, ohne dass er es wusste, während ich einem anderen Menschen half, ohne es zu wissen. Hilfe hat so viele wunderbare Gesichter und macht, weil sie eine Kettenreaktion auslöst, unheimlich dankbar. Hilfsbereitschaft ist für eine funktionierende Gesellschaft eine unverzichtbare

Tugend. Dabei ist Helfen eine Handlung ohne Echo, egal ob sie aktiv erfolgt oder ohne unsere Wahrnehmung. Ob wir geben, teilen, unterstützen, mit all unseren helfenden Handlungen zahlen wir ein in ein soziales Netz, weil wir daran glauben, dass es auch uns trägt, wenn wir Hilfe benötigen. Erwarten wir unmittelbar für die Hilfestellung eine Gegenleistung oder aber gewähren wir sie sogar nur, wenn wir im Vorfeld geklärt haben, was man dafür bekommt, können wir nicht mehr von Hilfe sprechen, sondern von einem Handel. Dann wird Hilfe zum Geschäft. Das ist legitim, aber ohne soziale Funktion.

In schlechten Zeiten hat die Sache mit der Hilfe immer funktioniert. Das zumindest können wir zahlreichen historischen Dokumenten und Erzählungen entnehmen. Glücklicherweise ist das so, denn wir alle haben solche schlechten Zeiten nicht wirklich erlebt und sollten alles dafür tun, sie nicht erleben zu müssen.

Erinnern wir uns an die Worte meines Opas: »Weil Menschen seit 50 Jahren keine Not erlitten, jammern sie. In der Not wird nicht gejammert, in der Not hilft man einander.« Oft folgten darauf Geschichten meiner Großeltern, Erzählungen über das Teilen zu Zeiten des Kriegs oder kurz danach. Das Wenige, was man selbst besaß, wurde nach Bedarf mit vielen geteilt.

Nun sind wir nicht mehr in schlechten Zeiten, sondern leben seit Jahrzehnten im Überfluss. Gerade dann, könnte man meinen, ist das Teilen doch eine Leichtigkeit. Doch leider scheint das Gegenteil alltäglich zu sein. Reichtum und Wohlstand im Kleinen zu teilen, kommt ebenso selten vor wie in der Großgesellschaft. Auch das habe ich bei *manomama* erlebt, ich habe schon davon erzählt. Als ein Kooperationspartner seine Mengen enorm nach unten schraubte, war ein faires Aufteilen der noch vorhandenen Menge an Arbeit nicht mehr möglich. Aus Teilen wurde Zuteilen. Das liegt daran, dass uns Gemeinschaft im Allgemeinen und der Sinn für sie abhandengekommen sind. Unsere Bereitschaft, etwas vom eigenen Überschuss abzugeben, wächst zwar mit dem Wissen oder dem Glauben daran, dass der andere es in umgekehrter Weise ebenso machen würde. Weil wir aber in einer Gesellschaft leben, in der man stets zu wenig hat und niemals zu viel, entsteht unserem Empfinden nach niemals ein Überschuss. Wir vergleichen uns permanent mit Menschen, die mehr besitzen und einen höheren Wohlstand genießen als wir selbst.

Das Gefühl, persönlich dauerhaft zu kurz zu kommen, nicht fair entlohnt zu werden und benachteiligt zu sein, schürt Unzufriedenheit gegenüber der eigenen Existenz und der Gruppe. Deshalb teilen wir nicht mehr in guten Zeiten. Unsere Bereitschaft, etwas abzugeben, schwindet, und diesen Mangel nehmen wir auch an unseren Mitmenschen wahr. Die Gewissheit, dass uns in der Not geholfen wird, geht verloren, denn wir helfen selbst nicht, wenn ein anderer in unserer Gemeinschaft um Unterstützung bittet. Solidarität hört auf, wenn es an den eigenen Geldbeutel geht. Das Wissen meines Großvaters scheint viele Jahrzehnte später überholt oder vergessen. Als 2015 eine große Zahl an Schutzsuchenden aus Syrien und Afghanistan zu uns gelangten, kam gleichzeitig eine enorme Herausforderung für unsere sozialen Sicherungssysteme auf unsere Gesellschaft zu. Menschen in Not suchten Hilfe bei Menschen, die in den Augen der Geflüchteten im Wohlstand leben. Es ging nicht darum, jedem Ankommenden einen Porsche und ein Einfamilienhaus hinzustellen, es ging schlichtweg um Unterstützung in einer elenden Notlage: Essen, Kleidung, ein überdachtes Bett. Hilfe im Existenziellen also.

Das Ende dieser Entwicklung kennen wir, wir stecken mitten drin. Unsere marode Gemeinschaft hat sich nach allen Richtungen hin radikalisiert, weil wir zuließen, den Verteilungskampf auf den Schultern der Ärmsten auszutragen. Das partielle Versagen der Mitte, die nach wie vor existent ist, aber sich lieber mit sich selbst und ihrem Statusausbau beschäftigt, sowie der totale Ausfall unserer Wohlstands- und Politelite haben dazu geführt, dass unsere Gesellschaft an dieser Entwicklung beinahe zerschellte, weil zu wenige bereit waren, zu teilen und zu helfen. Statt einander unter die Arme zu greifen, verlagerten wir die Herausforderung auf jene, die uns gebraucht hätten und brauchen: die Bedürftigen in unserem Land. Wir haben unsere gemeinsamen Probleme einfach nach unten geschoben. Während sich dort ein Verteilungswettbewerb entwickelte, sahen wir zu und vergeudeten unsere gesamte Energie im Kommentieren, Diskutieren und Beurteilen des Schauspiels.

Eine der besonders umstrittenen Vorkommnisse zu dieser Zeit war die Entscheidung des Essener Tafel-Verantwortlichen. Anfang Februar 2018 berichteten verschiedene Medien, dass die Essener Tafel Waren und Bezüge nurmehr an Deutsche ausgeben würde. Jürgen Sartor, der Vorsitzende des Vereins, begründete seinen Entschluss mit einem »Verdrängungswettbewerb« zwischen einheimischen und geflüchteten Bedürftigen. Nur kurze Zeit später fand sich in der Ostsee-Zeitung OZ unter der Headline »Streit um Essen: Flüchtlinge schlagen auf Bedürftige ein« ein Bericht, der Handgreiflichkeiten »unter den Ärmsten« schilderte. In kürzester Zeit fegte ein immenser Empörungs-Sturm durch die sozialen Netzwerke, der in unzähligen Kommentaren und Glossen unterschiedlichster Medien ein jähes Ende fand: Die Willkommenskultur wurde zu Grabe getragen. Wir diskutierten, was ein sicheres Herkunftsland auszeichnen würde, und ließen dabei unser Land zum unsicheren Hinkunftsland werden. Das ganze Versagen gipfelte darin, dass selbst diejenigen, deren Kernaufgabe die Hilfe für die Ärmsten ist, begannen, zu spalten.

Wir sahen tatenlos zu, waren aber umso wortreicher dabei. Natürlich gab es einige, die in ihrem Rahmen und teils weit darüber hinaus engagiert halfen, aber einige waren ob der Menge an Menschen einfach zu wenig. Wir hätten es spielend geschafft, wenn wir alle mit angepackt hätten. Weil unsere Gesellschaft zu diesem Zeitpunkt bereits so polarisiert und entsolidarisiert war, gelang es uns nicht. Wir schaffen das, war das Leitmotto der Kanzlerin. Wir aber hatten uns selbst geschafft und waren bedient. So haben wir unsere Gesellschaft in eine Schieflage mit rechter Tendenz gebracht, die nun gefährlich auseinanderdriftete. Während unter den Ärmsten der Armen Spiele ums Brot eröffnet wurden, ackerten sich Menschen, die bereit zu teilen waren, auf zwei Ebenen ab: Sie halfen denen, die es nötig hatten, und kassierten Kritik und Häme aus den eigenen Reihen.

Als wir bei *manomama* Neugeborenen-Bekleidung nähten für geflüchtete Frauen, die schwanger aus dem Krisengebiet zogen und ihre Kinder hier in den Notlagern an Bayerns Grenzen auf die Welt brachten, zeigte sich für mich die Situation von ihrer schonungslosen Seite. Hilfsorganisationen vor Ort wandten sich an uns mit der Bitte, Babybekleidung in kleinsten Größen herzustellen, denn dies war nicht nur Mangelware, sie war schlichtweg nicht vorhanden. Es ging in den

Herbst wie Winter hinein, und die Neugeborenen-Versorgung gestaltete sich sehr schwierig. Ohne zu zögern, rollten wir dicke Stoffe aus, schnitten die Teile zu und nähten, bis die Nadeln glühten – während der Arbeitszeit, in unserer Freizeit. Weil wir selbst keine üppige Finanzdecke haben, rief ich im Internet dazu auf, ob sich Menschen beteiligen möchten, Newborn-Pakete zu sponsern. Über 200 Menschen halfen spontan, spendeten ein halbes, manchmal sogar ein ganzes Paket, und so konnten wir kartonweise Babybekleidung nach Passau schicken. Das war die erfreuliche Seite dieses Engagements.

Alles jedoch hat zwei Seiten. In dieser Zeit, es waren etwa vier Wochen, erreichten wir über 200 Menschen im weltweiten Internet, die uns halfen. Gleichzeitig erreichten mich in diesem Monat, ebenfalls über das Netz, über 1000 Nachrichten und knapp 50 postalische Briefe. Es waren keine Dankesschreiben. »Du Ausländerhure! Fütterst dir deine neuen Billiglohnkräfte groß!«, musste ich lesen. Oder: »Die Deutschen frieren und du verschenkst Biokleidung an Flüchtlinge!!! Schäm dich!«. Die ersten Nachrichten beantwortete ich sogar noch persönlich, indem ich erklärte, dass wir keinen Unterschied machen und seit Jahren lokale und regionale Einrichtungen wie profamilia ebenfalls mit unseren Textilien unterstützen. Niemand interessierte es. Der blanke Hass schlug mir entgegen.

Wer nun annimmt, dies geschah *nur* aufgrund der Konstellation »Ausländer vs. Einheimischer«, wird enttäuscht. Ähnliche Kommentare und Briefe erreichen mich, seitdem ich das Projekt BRICHBAG gestartet habe. Hier nähen wir wasserdichte und witterungsbeständige Rucksäcke, die wir an Obdachlose in ganz Deutschland verschenken. Sie sind gefüllt mit allem, was man auf der Straße braucht: Hygieneartikel, warme Socken, etwas zu lesen und Vitaminpräparate, um den Gesundheitszustand zu fördern. Statt sich zu freuen, dass den Ärmsten der Armen auf der Straße geholfen wird, werden meine Verteilaktionen von Kommentaren wie »Ein Biomundwasser kriegt der Herr auf der Straße? Das kann ich mir nicht leisten!« begleitet. Wo auch immer ich hinsehe, die Bereitschaft zur Hilfe ist verkümmert. Im Laufe der Zeit übrigens auch bei denen, die mit viel Enthusiasmus und Engagement gestartet sind. Zu groß waren die Hürden, zu verletzend die Beleidigungen derjenigen, die am Gartenzaun stehend kommentieren. Ich hingegen halte es aus. Seit Jahren. Und das hat einen einzigen Grund: Ich weiß um die Kraft der Gemeinschaft. Es lohnt sich, um sie zu kämpfen.

In der Not würde man helfen, sagte mein Großvater. Damit bestätigte er schon damals die Meinung der modernen Soziologie. Auch dort ist man sich sicher, dass die Bereitschaft, zu teilen und zu helfen, grundsätzlich gegeben ist, wenn die Notwendigkeit besteht. Die Annahme, Menschen teilen im Wissen, dass ein anderer ebenso handeln würde, gilt in unserer heutigen Zeit allerdings nicht mehr, das Vertrauen in das Geben und Nehmen einer sozialen Gemeinschaft ist verloren. Andere Gründe, die uns zum Teilen verleiten, so die Wissenschaftler, gelten aber weiterhin. Soziale Nähe wäre einer dieser Gründe. So fällt es uns leichter, etwas von unserem Wohlstand abzugeben, wenn es sich bei den Begünstigten um die eigene Familie, um Verwandte oder enge Freunde handelt. Auch fördert eine gemeinsame Klammer, beispielsweise die soziale oder nationale Identität, das Helfen. Der Alltag in meinem Umfeld bestätigt diese Erkenntnisse.

Meine Freundin Betty, die seit vielen Jahren alleinerziehend mit ihrer Tochter im Norden Italiens lebt, erzählte mir unlängst, dass sie die Familien ihrer Gastschüler wiedergetroffen hätte und sie einen tollen Tag miteinander verbracht hätten. Wobei der Begriff »Gastschüler« vielleicht missverständlich ist. Es hatte sich damals nicht um einen klassischen Schüleraustausch gehandelt, sondern war Hilfe in der Not. Die Kinder kamen aus Sarnano, einem der Dörfer, die durch ein starkes Erdbeben massiv geschädigt wurden. 247 Menschen starben, tausende Menschen wurden obdachlos, und die Betroffenheit darüber zog internationale Kreise bis zur UNO. In Bettys Haus erhielten die Kinder eine Auszeit, die sie dringend benötigten, um das Geschehene zu verarbeiten. Keine Sekunde zögerte meine Freundin, die selbst als Alleinerziehende mit einer anstrengenden Vollzeitstelle bereits in einer kräfteraubenden Doppelbelastung ist, zu helfen.

Ich hingegen stand vor kurzem, zusammen mit wenigen anderen Eltern, vor der Situation, unseren Kindern die Enttäuschung über einen nicht zustande gekommenen Schüleraustausch zu lindern. Zu meiner Schulzeit noch war es das jährliche Highlight, an einem Austausch teilnehmen zu dürfen. Dreißig Jahre später hat sich die Welt augenscheinlich geändert. Der geplante Schüleraustausch in der Schule meines Sohnes kam nicht zustande. Grund hierfür war angeblich das fehlende Interesse seitens der Schüler aus der Partnerschule. Als ich mich darüber mit einer Freundin, Lehrerin an einem Gymnasium, unterhielt, war sie ungerührt. »Das ist die eine Variante«, sagte sie. Ich sah sie fragend an. »Wie, eine Variante?« »Schüleraustausche sind immer schwieriger geworden. Entweder haben die Schüler selbst keine Lust, oder, das ist öfter der Fall, die Eltern sind zwar scharf darauf, ihren

Spross für eine Weile im Ausland Erfahrungen sammeln zu lassen. Für den Gegenaustausch verweigern sie jedoch das Öffnen der eigenen Türen. Völlig verrückt!«

Dass mit wachsendem Wohlstand das Helfen mehr und mehr zum gegenseitigen Geschäft verkommen ist, wurde mir persönlich in Afrika klar. Ich war weit weg und durfte so viel Nähe und Herzenswärme erleben. Es war mein erster Besuch in Tansania, und ich hatte keine Vorstellung, was mich in dem ostafrikanischen Land erwarten würde. Der Plan war, einige der Kleinbauern zu besuchen, die für uns Biobaumwolle produzierten. Um dort hinzugelangen, mussten wir, mein Begleiter Raymond aus der Schweiz und ich, einen langen Weg auf uns nehmen. Wir stiegen in Mwanza in einen Geländewagen und begaben uns auf die Reise in den Norden Tansanias. Rund fünf Stunden brauchten wir, die Straße in Richtung Mwamishali zu passieren. Doch bereits nach einer halben Stunde saß ich auf der Rückbank des Jeeps mit bleichem Gesicht und flauem Magen. An sich bin ich von robuster Natur, aber die holprigen Straßen Afrikas lehrten mich meine Grenzen. Raymond sah mir an, dass mein Magen rebellierte. Vielleicht ahnte er es auch nur, weil ich in regelmäßigen Abständen, lauter als gewöhnlich schluckte.

»Jö, 'schguat odr nit?«, fragte er mich.

»Wie bitte?«, sagte ich.

»Ob es dir gut geht, hab ich gefragt«, antwortete er.

Ich schüttelte den Kopf und schluckte erneut. »Ich habe nichts gefrühstückt«, antwortete ich. »Mache ich ja nie. Ich glaube, das war ein Fehler.«

»Oh ja«, erwiderte er. »Hier muasch guet zmörgele, äh, frühstücken.«

»Toll«, dachte ich. »Das weiß ich nun auch.« Raymond

streckte mir eine geöffnete Packung Ricola Schweizer Kräuter-Pastillen unter die Nase.

»Nimm«, forderte er mich auf. »Hilft immer!«

Ich nahm. Es half. Genau so lange, bis der Bonbon zu Ende gelutscht war. Dann griff ich erneut in die Packung, ließ eine weitere Pastille auf der Zunge zergehen und beruhigte damit meinen Magen. Dieses Ritual rettete mich immerhin gute zwei Stunden. So lange, bis der letzte Drops gelutscht war. Wir hatten nicht einmal die Hälfte der Strecke absolviert, und mir war bereits derart schwindlig vor Übelkeit, dass es kaum auszuhalten war. Ich versuchte, ein wenig zu dösen, aber es gelang mir nicht. Raymond ließ mich nicht aus den Augen, wechselte mit dem Fahrer einige Worte auf Suaheli, und kurze Zeit später hielten wir an. Während Raymond und unser Fahrer bereits aus dem Fahrzeug gestiegen waren, kämpfte ich, noch im Auto sitzend, um Orientierung. Langsam blickte ich aus dem Fahrzeug und realisierte, dass wir in einem sehr abgelegenen Dorf Halt gemacht hatten. Nach einer kurzen Weile stieg ich aus und stand mitten in einer Traube neugieriger Einheimischer. Kinder eilten herbei und begannen mich anzustarren – und anzufassen.

»Lass nur, sisch noi fuer sie. Die chab noch nie Weiße gseh!«, erklärte mir Raymond. Lachend fügte er hinzu: »Du chasch dich jo extra bleich gmacht heut!«

Ich konnte mich über die ungewöhnliche Begegnung mit den Kindern nicht recht freuen, weil ich die Übelkeit nicht in den Griff bekam. Raymond unterhielt sich mit zwei Dorfbewohnern. Anschließend sprach einer der beiden angeregt mit unserem Fahrer, während der andere sich kurz entfernte und nach wenigen Minuten wiederkam. In der Hand hielt er eine kleine Glasflasche Coca-Cola. Freundlich überreichte er mir das Getränk und sagte »kunywa!«. Gleichzeitig nahm er meine Hand, in der ich die Flasche hielt, und führte sie zu meinem Gesicht. »Kunywa!«, verlautete er erneut, obgleich ich bereits begriffen hatte, dass er mich zum Trinken aufforderte. In kleinen Schlucken nahm ich die Cola zu mir. Sie war lauwarm, aber vollbrachte sofort wahre Wunder. Nach einigen Schlucken ging es mir merklich besser, und mein Magen beruhigte sich. Ich lächelte. Die Kinder zogen und zerrten an mir, und meine Lebensfreude kam zurück.

»Raymond?«, warf ich suchend in die Runde.

»Ja?«, antwortete er hinter mir.

»Was kostet eine Cola hier?«

»Jö, einen chalben Dollar«, bekam ich als Information.

»Um Gottes willen!«, sagte ich. »Das ist ja ein halber Tageslohn!«

Raymond nickte. Ich ging zum Jeep, nahm meinen Rucksack heraus und kramte meinen Organizer heraus. Zwischen den Reisedokumenten und meinem Impfpass steckte ein Bündel kleiner Geldscheine. Ich entnahm einen Dollar und ging zurück in die Menschenmenge. Als Raymond sah, was ich vorhatte, ergriff er meinen Arm und raunte: »Nuet! Lass das!«

»Wieso?«, fragte ich. »Er kennt mich nicht, ich bin ihm völlig fremd. Die Cola hat super geholfen, und ich will nicht, dass ihm ein Schaden entsteht. Hör mal, niemand arbeitet einen halben Tag lang für einen Wildfremden!«

Ich ließ mich trotz guten Zuredens von Raymond nicht davon abbringen, den Dollar auszuhändigen, und steuerte direkt auf den Mann zu, der mir mit der Cola unglaublich geholfen hatte. Ich nahm seine Hand, wie ich es bereits gelernt hatte, und gab den Dollar, den ich in meiner anderen hielt, in die seine. »Asante sana!«, sagte ich dazu, kurzum: danke. Der Mann warf einen Blick in seine Hand, auf die Geldnote, anschließend sah er mich an. Sein Gesichtsausdruck wechselte prompt. Freundlichkeit wich Entsetzen. Dann zog er seine Hand aus meiner und ließ dabei das Geld auf den Boden fallen. Er drehte sich um und ging. Wortlos. Stolz. Verletzt. Erst in diesem Moment begriff ich, weshalb mich Raymond gewarnt hatte. Hilfe war in diesem unberührten Dorf kein Geschäft. Wer Hilfe brauchte, erhielt sie. Es war eine Selbstverständlichkeit für den Mann, mir zu helfen, ungeachtet dessen, ob er mich kannte oder nicht. Mit meiner falschen Reaktion degradierte ich sein aufrichtiges Handeln zu einem Handel. Ich schämte mich für meinen Entschluss – und für die Welt, in der ich lebe. In dieser nämlich ist undenkbar, was ich in Afrika erleben durfte. Niemand würde einem gänzlich unbekannten Menschen bedingungslos, einfach so, mal eben, zwanzig, dreißig, fünfzig Euro zustecken. Selbst dann nicht, wenn das Gegenüber es dringend benötigt. Niemand. Ich hätte es ebenso nicht getan. Bis zu dieser Begegnung in Afrika.

Dass Hilfe in unserer Gesellschaft zum Handel verkommen ist, zeigte sich auch bei *manomama*. Das Erlebnis in Tansania und die darauffolgende Zeit, die ich damit verbrachte, das Verhalten der Ladys und Gentlemen innerhalb unserer Gruppe zu beobachten, öffnete mir die Augen: Bei *manomama* halfen wir einander nicht. Wir kooperierten. Wir sorgten uns gemeinschaftlich darum, dass die Arbeit nach vorne ging, nicht aber, dass wir zusammen, menschlich, nach vorne gelangten. Deshalb wanderte der Punkt: »Wir helfen einander« auf meine Liste. Was nämlich hilft alles Reden, der gegenseitige Respekt und der aufrichtige Umgang miteinander, wenn daraus kein Handeln entsteht? Ich begann, das Helfen bedingungslos vorzuleben. Womit auch immer meine Kollegen zu mir kamen, ich half, so gut es mir möglich war. Auch ging ich aktiv auf Einzelne zu und bot meine Hilfe an, wenn ich der Ansicht war, sie wäre im Moment vonnöten.

Mein Hilfe-Feldzug mutete zuweilen wie ein zum Scheitern verurteiltes Unterfangen an, was ich kaum nachvollziehen konnte. Das Teilen hatten wir bereits gelernt und praktizierten es. Es gelang uns von Tag zu Tag besser, ungeachtet ob es sich dabei um geschäftliche oder private Belange handelte. Hilfe jedoch hatte es schwer in unseren Reihen. Einige standen ihr kritisch gegenüber. Zu tief saß das Pflichtgefühl, dass eine Gegenleistung erwartet würde und man, im Falle der Annahme der Hilfe, »etwas schuldig« sei. Viel schlimmer jedoch war die grundlegende Haltung gegenüber einer Hilfestellung. Bei vielen meiner Kolleginnen und Kollegen war Hilfe und Unterstützung eine negativ konnotierte Handlung. »Das ist doch völlig egal, ob Jobcenter oder in der Nachbarschaft. Mir wollte doch niemand helfen. Die haben einfach gesehen, dass ich schwach bin, und warfen mir ein paar Almosen hin«, erklärte eine Kollegin. Andere berichteten davon, dass sie mit Hilfe grundsätzlich nicht umgehen konnten, weil sie ein Leben lang ohne auskommen mussten. »Wer immer anders ist, dem hilft man nicht, Sina. Gleich und gleich gesellt sich nicht nur gern, gleich und gleich hilft sich auch. Dem Rest hilft man doch nur in die Schuhe!«

Diese Äußerungen bestätigten die Annahmen, die Soziologen artikulierten: Es braucht in modernen, anonymen Gesellschaften eine Verbindung der Mitglieder, um einander zu helfen. Verbunden waren wir mittlerweile, und eine Basis, den ehrlichen Umgang miteinander, hatten wir ebenfalls geschaffen. Allein die Gleichheit, die nach Empfinden meiner Kollegen und Kolleginnen notwendig war, fehlte und würde immer fehlen. Zu heterogen, zu unterschiedlich war unsere Gruppe. Dennoch haben wir es geschafft, weil wir grundlegende Annahmen und Regeln einfach über Bord warfen. Bei näherer Betrachtung fällt auf, dass im Laufe der Zeit und im Wandel unserer Gesellschaft Ansichten missinterpretiert und falsch gedeutet wurden.

Gustav Heinemann, einst Politiker und dritter Bundespräsident unseres Landes, wird folgendes Zitat zugesprochen: »Man erkennt den Wert einer Gesellschaft daran, wie sie mit den Schwächsten ihrer Glieder umgeht.« Blicken wir in unsere Gesellschaft, steht es nicht gut um diesen Wert. Es fällt sogar schwer, überhaupt noch von »Umgang mit den Schwächsten« zu reden. Wir meiden sie einfach. Alte und Kranke schließen wir aus, Obdachlosen und Armen schenken wir keine Beachtung, und selbst nur wenig Schwächeren verwehren wir den Zugang und die Teilhabe an unserer Leistungsgesellschaft. Auf meinen Lesungen habe ich das Zitat oft angebracht, erhielt aber überall dieselbe Reaktion. Die Zuhörer wunderten sich ob des Heinemann'schen Satzes. Sie nämlich kannten diesen anders. Wo auch immer ich war, gab es Menschen, die den Satz berichtigten. »Eine Gesellschaft ist nur so stark wie ihr schwächstes Glied«, war die einvernehmliche Meinung. Gelegentlich startete ich den Gegenversuch, rezitierte die Berichtigung und fragte, wer im Raum diesen Satz in der Form kenne und unterschreiben würde. Ausnahmslos alle Arme gingen nach oben, ob im Süden, Westen, Osten oder Norden Deutschlands.

Dem ersten Eindruck nach waren die Worte ähnlich, allein die Bedeutung ist grundlegend eine andere. Der eigentliche

Sinn der Worte von Heinemann, dass eine Gemeinschaft nur stark und von Wert ist, wenn sie die Schwächsten in Würde behandelt, ist im Laufe der Zeit verloren gegangen. Woran wir heute glauben, ist unser größtes gesellschaftliches Problem: Wir messen unsere gemeinschaftliche Stärke an der Schwäche des Einzelnen. Die alleinige Kenngröße ist Kraft, Schwäche ein Makel. Weil nurmehr Leistung als sogenannter Benchmark zählt, konzentrieren wir uns auf das Vergleichen von Stärke untereinander und sehen in den Schwachen nur mehr Bremsklötze. Die Art der Leistungsgesellschaft, die wir also heute leben und pflegen, brachte Einfalt mit sich: die konzentrierte Leistungsorientierung. Dies ist ein Grund, weshalb unsere heutige Gemeinschaft fragil und anfällig geworden ist.

Gleichzeitig liegt in dieser Erkenntnis das Geheimnis, warum uns bei *manomama* gelungen ist, was gesamtgesellschaftlich noch aussteht. Wir ließen und lassen niemanden auf der Strecke, wir unterstützen einander und helfen. Dabei braucht es keine anfängliche Gleichheit, wie ursprünglich gedacht. Im Gegenteil. Es braucht nur, was bereits auf unserer Liste stand: Ehrlichkeit und Respekt. Erstere nämlich bringt mit sich, dass wir einander unsere Stärken und Schwächen anvertrauen und diese in unserer Gruppe zeigen dürfen. Letzterer sorgt dafür, dass niemand in der Gruppe für sein Anderssein, seine Schwäche, ja, sogar für seine verminderte Leistungsfähigkeit kritisiert oder gar verachtet wird. Wir leben Vielfalt, weil wir erkannten, dass uns diese einen Vorteil verschafft. Gemeinsam helfen wir einander und gleichen aus, was der eine nicht kann. Dafür springt dieser wiederum ein, wenn es beim anderen klemmt. So entstand eine enge, vertraute und aufrichtige Gemeinschaft, in der jeder sein darf, wie er ist, und dafür geschätzt wird. Denn jede Schwäche kann gleichzeitig eine Stärke sein. Eine ruhige, zurückhaltende Art mag im Alltag langweilig, zuweilen teilnahmslos oder desinteressiert erscheinen. In turbulenten Zeiten jedoch kann genau diese Wesensart zum Fels in der Brandung werden. Wenn in unserer Näherei ein großes Stück Arbeit vor uns liegt und die Ersten bereits hibbelig und nervös werden und zu zweifeln beginnen, ob wir zusammen diesen Berg an Aufträgen überhaupt weggenäht bekommen, sind es gerade die stillen Wasser, die Ruhe und Konzentration in die Runde bringen.

Ebenso verhält es sich mit Behinderungen. Eine körperliche Einschränkung mag den Einzelnen schwach erscheinen lassen. Im richtigen Umfeld hingegen wird das vermeintliche Handicap zum Feature. Was meine Stimme aufgrund fehlender Kraft nicht in die letzte Ecke einer Halle tragen kann, wird ausgeglichen von meinen taubstummen Kolleginnen. Alle drei können exzellent und über Distanzen Lippen lesen. Anschließend werden die Nachbarn im Band informiert. Das Ausgleichen von Stärken und Schwächen also lässt eine Gruppe resilient und schlagkräftig werden. Darüber hinaus müssen wir uns klar werden, dass die Schwäche eines anderen das Problem derer ist, die es als Schwäche auslegen. Wer ein Defizit hat, kennt es und hat sich über die Jahre damit arrangiert. Für den Betroffenen selbst ist das Hemmnis folglich gelöst. Wir jedoch, sein Umfeld, sehen in der Schwäche ein Problem. Und wer ein Problem hat, dieses aber nicht haben möchte, hat bereits zwei Probleme. Es liegt an uns, diese zu lösen und zu vermeiden, unsere Mitmenschen aufgrund ihrer Schwächen gar bloßzustellen, ob bewusst oder unbewusst.

Als gravierende Schwäche gilt in unserer gebildeten, modernen Gesellschaft, wenn ein Mensch nicht oder nur lückenhaft lesen und schreiben kann. Kaum jemand kann sich vorstellen, dass es Menschen unter uns gibt, die des Lesens und Schreibens nicht mächtig sind. Vor der Gründung von *manomama* war auch mir die Vorstellung fremd. Nicht richtig lesen und schreiben zu können, ist jedoch für rund 14,5 Prozent aller Erwachsenen zwischen 18 und 65 Jahren bittere Realität. Das sind gut 7,5 Millionen Menschen. Während viele das Ergebnis einer umfangreichen Studie der Universität Hamburg schlichtweg in Zweifel zogen, allein aufgrund der fehlenden Vorstellungskraft, schenke ich diesen Resultaten hundertprozentigen Glauben. Mehrere Beschäftigte bei *manomama* sind ebenfalls nicht oder nur sehr schlecht in der Lage, Zeichen und Ziffern zu interpretieren. Durch sie durfte ich lernen, dass es verschiedenste Gründe dafür gibt. Ebenso, dass manche unter ihnen es auch nie lernen werden, weil ihnen dazu das notwendige Vermögen und Gespür fehlt. Eine nicht zu ändernde Schwäche also. Bei keinem einzigen Betroffenen konnte ich zu Beginn ihrer Tätigkeit eine sogenannte Dysfunktionalität erkennen. Sie arrangierten sich schlichtweg mit ihrer Schwäche und wussten sich im Alltag zu helfen. Eine Schwäche ist also weniger das Problem dessen, der sie aufweist, sondern das der anderen, die damit nicht oder falsch umgehen.

Das Problem des Analphabetismus zeigte sich in unserem Betrieb als Hemmnis, als wir anfänglich für einen Kunden stets Taschen in zwei verschiedenen Farben zu jeweils gleichen Mengen konfektionierten und kommissionierten. Dies brachte mit sich, dass bereits bei der Produktion die Farben gleich verteilt werden mussten. Monika, die stets ein Auge darauf hatte, verzweifelte schon nach kurzer Zeit über einige ihrer Kolleginnen und wandte sich an mich: »Ich schreib noch ans Brett: ›Heute pink!‹, aber es interessiert manche nicht. Die gehen stoisch zu den Zuschnitten und nehmen ein grünes Paket, obwohl einen halben Meter darüber ›Pink‹ steht. Das gibt's doch nicht!«

Wir unterhielten uns eine Weile, ich verriet ihr meine Vermutung, und wir schmiedeten einen Plan. Tags darauf, als es wieder um das richtige Mischungsverhältnis an Farben ging, schrieb sie nicht auf, welche genäht werden sollte, sondern hängte kurzerhand den farblich passenden Stofffetzen an das Informationsbrett. Das Ergebnis: Auf einmal waren wir im Plan. Es lief seit diesem Zeitpunkt wie am Schnürchen, weil wir eine Kommunikationsebene gefunden hatten, bei der die Schwäche eines Einzelnen kein Gruppenhemmnis mehr ist. Gleichzeitig wurde niemand aus der Gemeinschaft vorgeführt oder gar bloßgestellt. Eine kleine Veränderung in der gemeinsamen Kommunikation brachte eine große Wirkung und uns näher zueinander, weil wir mehr Verständnis füreinander entwickelten.

All diese Erfahrungen lassen mich heute den Satz, den alle bestätigten, nicht nur infrage stellen, ich traue mich zu behaupten, dass er grundfalsch ist. Keine Gemeinschaft sollte ihre Stärke an den Schwächsten messen. Denn das wäre ein Zeugnis dafür, dass die Gemeinschaft mit Problemen nicht fertig wird, die für den Einzelnen gar nicht so problematisch sind. Richtig also lautet der Satz: Eine Gemeinschaft ist so stark und widerstandsfähig wie ihre innere Vielfalt. Nur wenn wir die Stärken und Schwächen gegenseitig kennen und akzeptieren, können wir sie ausgleichen und bringen uns gemeinsam nach vorne. Wir helfen einander. Das war und ist, was *manomama* stark gemacht hat und widerstandsfähig gegenüber allen Herausforderungen, die tagtäglich auf uns einprasseln. Gemeinsam schaffen wir, was einer allein nicht hinbekommt. Zusammen erreichen wir, was weder der Stärkste noch der Schwächste erlangen würde. Wir helfen einander und geben Unterstützung, ohne Urteil und Verurteilung. Wir agieren würdevoll miteinander und untereinander. Wir schaffen Heimat.

Die Vielfalt innerhalb einer Gruppe und das Anerkennen der Unterschiedlichkeit des Einzelnen sind es also, was uns stark macht und widerstandsfähig, was unseren Gemeinsinn fördert und uns zusammenschweißt. Blicken wir jedoch in unsere Umwelt, geschieht exakt das Gegenteil. Zunehmend konzentrieren sich mehr und mehr Menschen darauf, die Gleichheit untereinander zu finden, statt das Besondere und die Vielfältigkeit zu pflegen. Wer sich jedoch abschottet, weil er einem falschen Verständnis von gemeinschaftlicher Stärke aufsitzt, das längst aus der Zeit gefallen ist, tötet Vielfalt und somit die Kraft einer Gesellschaft. Dies zudem unter den Deckmantel des heimatlichen Schutzes zu stellen, ist geradezu absurd. Wer nur mehr gesellschaftliche Einfalt sucht, wird in Einfältigkeit landen. Das sollte uns alles schlichtweg zu dumm sein. Heimat braucht Vielfalt, denn ohne Vielfalt bräuchten wir einander nicht und würden verkümmern.

Wir halten zueinander

Zusammenhalt ist der Kitt der Gesellschaft,
der entsteht, wenn wir gruppenübergreifend
wahrnehmen, handeln und helfen.

»Was meinst du mit zueinanderhalten?«, fragte mich eine Kollegin. »Das machen wir doch: Wir helfen uns, reden miteinander. Sind freundlich. Warum steht das nochmal extra als Punkt auf deiner Liste?« Erwischt. Gute Frage, dachte ich mir. Ehrlich gesagt, hatte ich selbst keine plausible Erklärung dafür. Vielmehr eine abstrakte. Zusammenhalt ist für mich etwas anderes als das gegenseitige Helfen und Respektieren. Es ist, ja, irgendwie, Zusammenhalt halt. Ich war nicht in der Lage, meinen Ladys und Gentlemen zu erklären, weshalb ein eigener Punkt für Zusammenhalt auf der Liste stand. Ich wollte ihn jedoch nicht streichen, weil ich das Gefühl hatte, dass er berechtigt war.

Die Rückfrage beschäftigte mich intensiv, einerseits da ich sehr gern über Dinge nachdenke, zum anderen jedoch, weil ich niemandem eine Antwort schuldig bleiben wollte. Ich suchte also nach dem erklärenden Grund, was Zusammenhalt ist, was ihn auszeichnet, wie wir ihn schaffen. Dass man ihn nicht verordnen kann, zeigten die unzähligen Aufrufe, gerichtet aus der Politik an unsere Gesellschaft. Der Wunsch nach ihm blieb unerfüllt. Meine Gedanken kreisten so sehr um dieses Wort, bis mir schier schwindelig wurde. Aber ich wollte trotz aller Mühen nicht recht weiterkommen in meinen Überlegungen. Wie so oft im Leben hilft es, wenn man feststeckt, an etwas anderes zu denken. Der Zufall will es dann, dass man über eine lang ersehnte Antwort regelrecht stolpert. Beispielsweise über die, was Zusammenhalt wirklich ist.

Es war an einem Montagnachmittag im April, einen Tag vor dem Geburtstag meines Partners. Obgleich der erste Tag der Woche oft stressig ist, war ich mit meinen Aufgaben schon kurz nach Mittag gut durchgekommen und verspürte etwas Luft. Da Hendrik, mein Mann, tags darauf Geburtstag hatte, entschied ich kurzerhand, meinen Arbeitstag etwas früher zu beenden und Zutaten einkaufen zu gehen.

»Ein Geburtstag ohne Kuchen ist keiner«, dachte ich und machte mich auf den Weg.

Ich schlenderte durch die Warenreihen des Supermarktes, ließ mir Zeit, ging gedanklich alle Posten meiner Einkaufsliste nochmal durch, um nichts zu vergessen, steuerte auf die Kasse zu, bezahlte und ging in Richtung Ausgang. Kurzerhand entschied ich, für das Abendbrot noch einige Brötchen mitzunehmen, und reihte mich in die kleine Schlange bei der Bäckereifiliale ein, die direkt am Eingang des Supermarkts war. Vor mir stand ein älteres Ehepaar, und davor wurde bereits eine junge Frau von der Verkäuferin freundlich bedient. Die ältere Dame lief die Theke entlang.

»Der Erdbeer-Joghurt-Kuchen würde mir gefallen. Aber Dreieurofuffzich geht nicht«, sagte sie und zog ihren Mann am Ärmel. Sie verließen die Schlange, und gemeinsam schoben sie langsam den spärlich gefüllten Einkaufswagen in Richtung Ausgang.

»Was darf es denn für Sie sein, bitteschön?«, fragte mich die Verkäuferin. Ich antwortete: »Moment, ähm… Vier Semmel und… warten Sie, da kommt noch eine Erdbeer-Joghurt-schnitte dazu!« Während die Verkäuferin begann, meine Bestellung einzupacken, lief ich kurzerhand dem älteren Ehepaar nach. Ich hielt direkt vor den beiden und bat sie, zurück an die Bäckertheke zu kommen. Ich machte sie darauf aufmerksam, dass sie ihre Erdbeer-Joghurt-Schnitte vergessen hätten. Verdutzt sahen sie mich an.

»Ich habe keine vergessen.«

»Doch«, antwortete ich ihr freundlich.

»Nein«, sagte sie leise. »Ich habe mir keine kaufen können.«

»Sie haben aber gleich eine«, sagte ich. »Sehen Sie, auf der Theke steht sie schon verpackt. Ich möchte sie Ihnen schenken.«

Die beiden begleiteten mich zurück zur Bäckerei. Nachdem die Verkäuferin ihr den Kuchen von der Theke übergab, drehte sich die ältere Dame zu mir und sagte: »Sonst würde ich das ja nicht annehmen. Aber ich habe heute Geburtstag. 83 Jahre werde ich heute. Und ein Geburtstag ohne Kuchen ist keiner.«

Fünf Minuten später waren meine Einkäufe verstaut. Ich setzte mich ans Steuer und konnte nicht losfahren, denn ich weinte. Die Begegnung hatte mich sehr berührt. Der Grund für die Tränen war aber nicht das Offensichtliche: Armen Menschen, egal welchen Alters, begegnen wir heute in unserer Umwelt immer öfter. Es ist traurig, und wenn möglich hilft man einander. Ich jedoch war emotional aufgewühlt, weil ich in diesem Moment erfahren durfte, was Zusammenhalt ist. Derselbe Satz, mit dem ich mich aus dem Büro verabschiedete, kam der alten Dame zum Abschied über die Lippen. Es sollte so sein, dass alles kam, wie es gekommen ist. Irgendetwas in mir ließ mich handeln. Genau zu dem Zeitpunkt, genau an dem Ort. Aus demselben Grund, weshalb ich überhaupt losgezogen bin: der Geburtstag eines Menschen.

Zusammenhalt herrscht, wenn wir uns gegenseitig wahrnehmen, fernab von sozialen Schichten, kulturellen Zugehörigkeiten oder sonstigen Unterschieden. Wenn wir einander in unserer Existenz erfassen und beachten, entsteht Gesellschaft. Wir glauben, permanent gemeinsam etwas tun zu müssen – kooperieren, arbeiten, machen, schaffen, agieren –, um eine Gemeinschaft zu bilden. Derweil reicht es, uns gegenseitig lediglich Aufmerksamkeit zu schenken, um in Gesellschaft zu sein. Wahrnehmung ist der Kitt zwischen einzelnen Individuen wie auch zwischen Gruppen. Zusammenhalt ist keine Handlung, man kann ihn nicht machen und gestalten. Er ist Resultat und gleichzeitig Basis der Handlungen, die wir uns wünschen, geht es um ein gutes Miteinander: Respekt, Ehrlichkeit, Hilfe, Toleranz. Das wiederum sind die Werte, die Zusammenhalt gedeihen und wachsen lassen. Wenn wir wissen, dass andere in unserer Gruppe oder in der Gesellschaft diese Werte teilen und ebenso leben, entsteht ganz automatisch ein »Gemeinsinn«, an den alle in turbulenten Zeiten so sehr appellieren. Um ihn jedoch zeigen zu können, müssen wir uns schlichtweg anders benehmen und anders handeln.

Es braucht eine Renaissance der Werte und Umgangsformen, die wir vielleicht noch hatten, bevor der gute Ton von Hatespeech abgelöst wurde. Diese nämlich zieht unweigerlich, selbst wenn wir es nicht forcieren, in unseren alltäglichen Sprachgebrauch ein. Ich selbst ertappe mich ebenfalls, dass ich gelegentlich auf Twitter formuliere, was ich niemals im realen Leben aussprechen würde. Allein, weil – ja, eigentlich gibt es keinen Grund dafür. Als ich in Köln auf dem Social

Media Summit vergangenen Jahres beim WDR eine Keynote halten durfte, bereitete ich meinen Vortrag vor, indem ich nichts anderes aufschrieb als Sätze, die mir die Tage zuvor im Netz ins Auge stachen – in meiner Filterblase, in der es eigentlich recht gesittet zugeht. Ich begann die Rede damit, zu sehen, ob auch alle da wären. Reihenweise pickte ich mir Leute heraus, zeigte mit dem Finger auf sie und sprach jeden Einzelnen von ihnen mit einem Satz, den ich gesammelt und mir zurechtgelegt hatte, an. Dies hörte sich in etwa so an: »Und du Arschloch, halt's Maul! Und du – was ich mit dir mache, darf ich noch nicht sagen. Es ist noch nicht legal. Ah, und du hier, dir hat man doch ins Hirn geschissen. Und wo ist eigentlich das Arschloch von der ARD Tagesschau?« »Hier«, rief der junge Redakteur, den ich am Abend zuvor kennenlernen durfte. Der Zwischenruf wurde begleitet von einigen Lachern, doch der Mehrheit blieb schlichtweg die Spucke weg. Zu Recht. Ich löste das Rätsel um mein völliges Danebenbenehmen auf und beschrieb, dass dies der Ton ist, in dem wir uns, das zeigen wissenschaftliche Untersuchungen, mehr als drei Stunden täglich austauschen. So lange nämlich hängen wir im Durchschnitt in sozialen Netzwerken herum, die längst zu Hetzwerken geworden sind.

Dass dieser Ton nicht spurlos an uns vorbeigeht, ist völlig normal und menschlich. Diejenigen, die es nicht mehr aushalten, verabschieden sich von den Plattformen. Ich selbst bemerke an mir, einst ein glühender Liebhaber der sozialen Medien, dass ich immer öfter eine Verschnaufpause benötige, weil es zuweilen unerträglich geworden ist. Der Mensch mag ein Produkt seiner Umstände sein, er ist aber nicht das Produkt seiner Umwelt. Wir jedoch lassen genau dies zu. Wir verhalten uns so, wie andere sich verhalten. Dabei läge es an uns, die Umwelt zu gestalten, wie wir es schätzen. Deshalb sind das Tummeln auf wie auch das Meiden von sozialen Netzwerken der falsche Weg, denn diese Plattformen sind keine eigene Welt. Sie sind ein Teil unseres Lebensraums, in dem wir miteinander agieren und kommunizieren. Wir müssen lernen, hier dieselben Regeln des Umgangs anzuwenden, wie wir es im anderen Teil unserer Welt noch tun. Momentan stehen wir an einem Scheidepunkt: Entweder der raue Duktus weicht im Digitalen einem guten Ton, oder er nimmt überhand und zieht sich auch durch den Offline-Bereich.

Darüber hinaus brauchen wir wieder ein echtes Interesse für unsere Mitmenschen. Wahrnehmen heißt, für wahr nehmen. Tatsächlich und wirklich. Wir aber begegnen Menschen nicht mehr, wir beäugen sie, weil wir im permanenten Wettbewerb miteinander stehen. Anschließend fällen wir Urteile. In Anwesenheit oder hinter dem Rücken des Beäugten. Mittlerweile hat dies Ausmaße angenommen, die unerträglich sind. Menschen schreiben mir, ob als Mail, Facebook-Nachricht oder handschriftlich per Brief, ununterbrochen, wie sehr sie sich für mich interessieren. Den einen bin ich zu fett, den anderen zu dünn. Manche finden meine Brille furchtbar, und wieder andere legen mir nahe, doch etwas anderes als Schwarz zu tragen. Sie schreiben, wie bescheuert sie mein Verhalten finden oder was sie von meiner Art halten: nichts. Mittlerweile lese ich kaum mehr Nachrichten, die an mich gerichtet sind, weil ich nicht wahrgenommen werde.

Wir mir geht es vielen Menschen, die willkürlich zur Projektionsfläche von Frust und Neid werden. Durch das falsche Interesse geht viel kaputt, denn es lähmt und fördert kein Handeln. Genau das aber entspringt echtem Interesse. Wenn wir einander wahrnehmen, reift in uns der Wille zum Handeln. Seit ich begonnen habe, mich aufrichtig und offen für meine Mitmenschen zu interessieren, sie nicht zu beurteilen oder zu verurteilen, handle ich. Aus dem Inneren heraus. Ich mache Dinge, die ich früher schlichtweg nicht gemacht hätte. Zum einen, weil ich nicht sah, was getan werden kann, da ich mich nur für mich selbst interessierte. Zum anderen jedoch, weil mir der Mut gefehlt hatte, es anzugehen. Zu groß war die Scheu vor Menschen, die anders waren als ich. Weil ich aber durch *manomama* verinnerlichte, dass wir alle gleich sind, entstand ganz still und leise die Tatkraft zum Machen.

Manchmal bin ich über mich selbst überrascht, wie viel möglich ist, wenn man wahrnimmt und handelt. Vor zwei Jahren bin ich kurz vor Mitternacht nach einer Nachhaltigkeitsveranstaltung zurück in mein Hamburger Hotel gelaufen. In der Hand trug ich ein Goodie-Bag, ein Geschenk der Veranstalter, gefüllt mit ökologischen Leckereien: Biobrot, frisches Obst, Limo und Tee. Kurz vor dem Hotel, als ich unter einer Brücke durchging, raschelte es, und ich sah dort drei Damen unter einem Haufen Plastiktüten, Schlafsäcken und Pappe liegen. »Ich frühstücke sowieso nicht, und sollte ich Hunger bekommen, kann ich ja im Hotel etwas zu mir nehmen«, dachte ich. Spontan entschied ich, die Tasche bei den obdachlosen Frauen abzulegen, für deren Frühstück. Am nächsten Morgen stand ich früh auf, zog meine Sportschuhe an und lief, wie jeden Tag, eine kurze Morgenrunde. In den Sonnenaufgang zu joggen ist jedes Mal eine extra Packung gute Laune. Zufrieden kehrte ich zurück ans Hotel und sah unter der Brücke, die direkt neben dem Eingang des Hotels war, erneut die drei Damen. Zwei schienen noch zu schlafen, während die dritte die Tasche, die ich nachts zuvor hingelegt hatte, inspizierte. »Gott sei Dank war es heute Nacht warm«, dachte ich mir. Dann freute ich mich nach den gelaufenen Kilometern auf eine schöne Dusche. Ich ging ins Hotel und stand bereits in der Eingangshalle, zupfte mir mein verschwitztes Shirt vom Körper, als es mir nochmal durch den Kopf schoss: duschen. Dann geschah etwas in mir. Ich ging nicht zum Aufzug, sondern bog in die entgegengesetzte Richtung zur Rezeption. Dort fragte ich nach dem »ranghöchsten« Mitarbeiter, und man verwies mich auf den Rezeptionsleiter. Kurz darauf stand dieser vor mir.

»Wie kann ich Ihnen helfen?«, fragte mich der sympathische Mann mittleren Alters.

»Ähm«, sagte ich. »Das klingt jetzt etwas komisch. Ich wollte fragen, ob es ihnen etwas ausmacht, wenn ich Besuch mit aufs Zimmer nehme?«

Verschmitzt sah mich der Rezeptionsleiter an, schmunzelte etwas und antwortete:

»Das ist kein Problem«, sagte er und räusperte sich verlegen. »Viel Vergnügen!«

Die letzten Worte des Hotelmitarbeiters verrieten mir, wie falsch ich verstanden wurde. Ich bedankte mich dennoch und verließ wieder das Hotel. Zwei Minuten später kam ich in Begleitung zurück. Gemeinsam mit Nina, eine der Frauen unter der Brücke, die meine Einladung zum Duschen freudestrahlend angenommen hatte. Völlig eingeschüchtert, unter den verwunderten Blicken des Rezeptionsleiters und dem Getuschel einiger Gäste, folgte Nina mir zum Aufzug und ins Zimmer. Ihr Blick war stets auf den Boden gerichtet. Erst als wir allein im Raum waren, hob sie ihren Kopf und legte einige Lagen dicker, verdreckter Kleidung ab. Ich zeigte ihr das Bad und gab ihr Handtuch und Seife.

»Schatz, wo Wasser? Nicht verstehen!«, kam just die

Stimme aus dem Bad. Ich ging hinein und erklärte ihr, dass links die Temperatur eingestellt und rechts der Wasserzufluss reguliert wird. Dann griff sie in ihre mitgebrachte Tüte, zog einen Pack frisch gekaufter Unterwäsche heraus und ging duschen. Die Zeit nutzte ich und bereitete ihr eine Tasse Tee. Als Nina wieder aus dem Bad kam, fiel mir schlichtweg die Klappe herunter. Eine wunderschöne, gepflegte Frau stand vor mir und lächelte mich an. Sie legte sich ein frisches Kopftuch an, nahm Platz und trank Tee. Während ich meinen Koffer packte, erzählte sie mir aus ihrem Leben. Sie war Witwe mit vier Kindern. Ihr Mann, der jahrelang in Deutschland auf dem Bau gearbeitet hatte, war bei einem beruflichen Unfall ums Leben gekommen. Die Kinder sind längst selbstständig, und sie blieb übrig. Auf der Straße. Gemeinsam wuschen wir noch einige Kleidungsstücke und verließen dann das Zimmer. Auf dem Gang kamen uns Gäste entgegen. Nina grüßte jene nicht nur freundlich, sie begann sogar ein Gespräch. »Sie hier arbeiten?«, fragte sie eine Dame. »Nein«, lautete die freundliche Antwort. »Ich habe, wie Sie, hier genächtigt.« Nina strahlte. Wir nahmen den Aufzug nach unten und gingen an die Rezeption. Ich musste auschecken. Während ich die Rechnung beglich, stand Nina neben mir, grüßte ausnahmslos jeden Gast und freute sich über jeden Gegengruß. Als der Rezeptionsleiter mich sah, kam er aus dem Büro an die Theke. Ich bedankte mich erneut für seine Kulanz und Hilfe. Nina schloss sich an. »Danke!«, sagte sie. Der Hotelmitarbeiter sah mich an, dann Nina. Anschließend antwortete er: »Gerne. Gerne wieder!«

Zusammenhalt kann man nicht verordnen. Zusammenhalt ist das sichere Gefühl, in einer Gesellschaft nicht verloren zu gehen. Das entsteht, wenn wir einander wahrnehmen, uns füreinander interessieren und uns untereinander helfen. Es liegt also an uns selbst, Halt in einer Gemeinschaft zu finden und Halt zu geben. Die Krux unserer Gesellschaft ist, dass wir uns zwar Zusammenhalt wünschen, aber nicht an ihn glauben. Laut einer Studie der Organisation More in Common mit dem Titel »Die andere Teilung« wünschen sich rund 70 Prozent der Menschen, dass wir gesellschaftlich trotz aller Differenzen zusammenfinden. Ebenso viele sind der Meinung, dass sich Deutschland in die falsche Richtung entwickelt. Allein, wir machen nichts. Wir warten lieber ab und sehen zu, was geschieht. Dies liegt sicherlich auch daran, dass die Debattenkultur in unserer Gesellschaft mittlerweile so aufgeheizt ist, dass wichtige Förderelemente des Zusammenhalts, Kommunizieren und Reden, lieber gemieden werden. Dennoch kann uns gelingen, wieder einen Rahmen zu schaffen, um unseren gesamtgesellschaftlichen Wunsch Wirklichkeit werden zu lassen: Wir müssen im Kleinen beginnen und übergreifend im Großen alle einbinden. Wenn wir in unserer kleinen Lebenswelt anfangen, einander Hilfestellung zu leisten, und uns wieder aufrichtig füreinander interessieren, schaffen wir den ersten Schritt, um den Mangel zu beheben.

Das war bei *manomama* ebenfalls so. Unser Zusammenhalt fußt auf einem tiefgründigen Vertrauen jedes Einzelnen von uns, dass wir füreinander da sind. Fehlt jemand, wird er vermisst, und die Nachforschung beginnt, welche Gründe die Absenz hat. Herrscht schlechte Laune bei einem Kollegen oder einer Kollegin, reden wir miteinander und suchen Lösungen, die aufmuntern. Gerät jemand in Not, helfen alle. Ohne Ausnahme. Selbst wenn die Not aus eigener Schusseligkeit entstand. Wer in solch einem sicheren Netz geborgen ist, beginnt, sich nicht nur für seine unmittelbaren Mitmenschen zu interessieren, sondern auch in größeren Zusammenhängen zu denken.

Es fängt stets mit Wahrnehmung an. Ich kann mich gut erinnern, als Gerda mich beiläufig fragte, während sie einen neuen Auftrag für Taschen vorbereitete, was der Aufdruck auf den noch zu nähenden Beuteln bedeuten würde. Darauf stand »Kinderhospiz«. »Ist das ein Krankenhaus?«, fragte sie mich. Ich erklärte ihr, dass es sich bei der Einrichtung um ein Haus handelte, in dem Eltern und Kinder die restliche Lebenszeit ihrer kranken Sprösslinge gemeinsam verbringen können. »Das ist ja furchtbar«, antwortete Gerda. »Also ein Kind vor den Eltern zu Grabe tragen zu müssen. Und großartig, dass es solche Einrichtungen gibt«. Ich stimmte ihr zu und ergänzte, dass die Taschen verkauft werden, um den Erlös dem Träger des Hospizes, einem gemeinnützigen Verein, zukommen zu lassen. Wenige Tage später kam Gerda erneut zu mir. Sie fragte mich, ob die Taschen für das Kinderhospiz bereits verschickt worden seien, was ich verneinte. »Die gehen morgen raus, ich glaube, sie sind bereits verpackt. Warum?« Gerda lächelte und überreichte mir eine Tasche. »Da, die fehlte noch. Ich habe sie abgezwackt und den andern erklärt, für wen sie gerade Taschen nähen. Dann ging die letzte der Taschen einfach durch alle Reihen und jeder gab, was er übrig hat. Wir helfen hier, dann können wir auch dort helfen, auch wenn es nicht viel ist.« Gerührt nahm ich den Beutel voller Kleingeld entgegen und legte ihn der Sendung bei.

Wir helfen hier, dann können wir auch dort helfen. Dieser Satz lehrte mich, wie Zusammenhalt entsteht. Nämlich dann, wenn wir gruppenübergreifend wahrnehmen und handeln. So lange wir jedoch lieber in unserer Filterblase bleiben, uns nur für uns und unser direktes Umfeld oder etwa unsere

Gruppe interessieren, andere nicht wahrnehmen und Hilfe verwehren, die wir leisten könnten, geschieht nichts. Mit solch einem Verhalten kann man sich Zusammenhalt nur wünschen. Er wird nie Realität, denn wir schotten uns gegenseitig ab. Genau das Gegenteil jedoch braucht es, um zusammenzuwachsen und Halt zu schaffen.

Wir gehen respektvoll mit Material und Maschinen um

Respekt und Wertschätzung sind die Grundpfeiler der Gesellschaft.

Geht es um Klimaschutz, Umweltschutz oder Ressourcenverbrauch, hören wir als Bürger seitens der Politik oft, es handle sich um eine »gesamtgesellschaftliche Aufgabe«. Kurzum, jeder muss mit anpacken und daran mitwirken, den Lebensraum von uns allen zu sichern und zu entwickeln. Dies bringt mit sich, dass wir unser Verhalten gegenüber Dingen verändern müssen. Wir sollten weniger konsumieren, weniger wegschmeißen, weniger Energie verbrauchen und, und, und. Eine gesamtgesellschaftliche Herausforderung ist nur durch eine intakte Gemeinschaft zu bewältigen. Weil wir diese jedoch nicht haben, gelingt es uns einfach nicht. So sorgt jeder für sich und seine kleine Lebenswelt, und das große Ganze wird dabei aus den Augen verloren. Gesellschaft jedoch braucht unabdingbar einen Raum, in dem sich jeder wohlfühlt. Das heißt auch, dass wir gemeinschaftlich die Verantwortung dafür übernehmen müssen, diesen »Raum«, die Ressourcen und das Klima, zu schützen und zu erhalten, im Kleinen wie im Großen.

Daran haperte es bei uns in der Näherei enorm, was nachvollziehbar war, denn auch wir waren zu Beginn keine echte Gemeinschaft. Also schrieb ich als vorletzten Punkt auf meine Liste: »Wir gehen respektvoll mit Material und Maschinen um.« Das sollte reichen, dachte ich. Lange schon war mir ein Dorn im Auge, dass die Näherei das reinste Chaos war: Da wurde Material verschnitten, Maschinen gingen kaputt, weil sie die notwendige Pflege nicht bekamen, die Arbeitsplätze sahen aus wie Sau, und man brauchte keinen zweiten Blick, um zu erkennen, dass niemand im Raum sich verantwortlich fühlte. Immer wieder bat ich, hier aufzuräumen, dort Zutaten nicht verkommen zu lassen und überhaupt mehr Acht zu geben, jedoch vergeblich. Deshalb schrieb ich diesmal, was so oft über meine Lippen kam, auf.

Ich hätte es mir sparen können. Nicht etwa, weil es wieder sinnlos war, sondern weil es automatisch geschah. Einfach so. Monatelang sah ich mir die Veränderungen an und war zunehmend beeindruckt: Aus der chaotischen Näherei wurde ein ordentlich strukturierter, aufgeräumter Betrieb. Die einzelnen Arbeitsplätze waren nach wie vor sehr individuell gestaltet, und dennoch durchzog die Bänder Sauberkeit und Ordnung. Es war schlichtweg aufgeräumt. »Wir fühlen uns hier wohl, dann wollen wir es auch schön haben«, war die Antwort einer Kollegin, als ich sie lobte, während sie das Garnregal säuberte. Ich war verwundert, denn bis zu diesem Punkt kannte ich die gegensätzliche Version der Aussage. Wo es schön ist, fühlen wir uns in der Regel wohl. Nun aber schien es genau umgekehrt. Grund dafür war das Entstehen der Gemeinschaft. Als wir begannen, uns wahrzunehmen, miteinander zu reden, uns zu helfen, kurzum die Regeln mit Leben zu erfüllen, wurde aus unserer Arbeitsgruppe eine echte Gemeinschaft mit großem Zusammenhalt. Und Gemeinschaften brauchen Raum. Sie benötigen einen Platz, um sein zu können. Dieser Ort war vorgegeben: unsere Hallen. Folglich wuchs bei den Ladys und Gentlemen die Verantwortung, den Raum schön zu gestalten, in welchem sie in Gemeinschaft sind. Das Augenmerk der Kolleginnen und Kollegen lag nicht nur darin, den Raum ordentlich zu halten, sondern ihn auch weiterzuentwickeln und zu gestalten, sodass jeder von uns sich darin wohlfühlen konnte und gleichzeitig seine individuellen Bedürfnisse respektiert wurden. Ein schönes Beispiel hierfür sind unsere sanitären Anlagen. Die sind mittlerweile ein Showroom für internationale Toilettengänge. Neben mitteleuropäischen Sitzklos finden sich da eine Steh- sowie eine Hocktoilette.

Mit jeder neuen Änderung wuchsen wir mehr zusammen. Ich verstand nun, weshalb Maschinen auf einmal besser gepflegt und die Arbeitsplätze sauber gehalten wurden. Das alles waren sichtbare Maßnahmen, um die Halle schön zu halten. Was sich mir dennoch nicht erschloss, war die Tatsache, dass auch die eingesetzten Materialien achtsamer und sparsamer verarbeitet wurden. Diese Verhaltensänderung war schließlich keine sichtbare, und ebenso war sie für niemanden von individuellem Nutzen. Zunächst erklärte ich es mir damit, dass die Ladys, zu Recht, annahmen, durch einen sorgsamen Verbrauch der Materialien Geld einzusparen, um *manomama* stabiler durch die Zeit zu führen. Ökologische Gründe vermutete ich bei den wenigsten, denn dafür benötigte man verdammt viel Hintergrundwissen. Wenn man bedenkt, dass in der herkömmlichen Industrie Millionen Tonnen an wertvollen Rohstoffen weggeworfen werden und dies von hochqualifiziertem Management getragen wird, hielt ich für abwegig, dass unser Team sich dieser Problematik bereits bewusst war. Nein, der Grund, der letztendlich dafür sorgte, dass bei uns Ressourcenschonung in die Näherei einzog, waren schlichtweg Haltung und Respekt. »Du sagst immer, dass es nicht wertschätzend ist, kaum getragene Kleidung wegzuschmeißen. Da steckt Arbeit drin. Und diese Arbeit muss respektiert werden, indem man das Stück pflegt und trägt«, erklärte mir eine Lady. »Im Stoff steckt auch Arbeit, in den Fäden auch. Also versuchen wir, so wenig Reste wie möglich zu produzieren.« So einfach war die Erklärung.

Wertschätzung, würdevolles Handeln und Respekt sind die Werte, die unser Verhalten ernsthaft wandeln können, weil sie uns individuell Haltung verleihen und gemeinschaftlich Halt geben. Sie sind unbegrenzt. Nur in Gemeinschaft können wir sie erleben. Durch Erfahrung verinnerlichen wir diese Werte. Wir können sie weitergeben und gemeinsam leben. Über unsere Lebenswelt tragen wir dieses Handeln hinaus in die Großgesellschaft und leisten unseren Beitrag, um gesamtgesellschaftliche Probleme zu lösen.

Wir leben in einer Wegwerfgesellschaft. Allein dieser Ausdruck verrät, wie es um uns in der großgesellschaftlichen Rolle als Konsument steht: Wir bringen keine Wertschätzung und keinen Respekt gegenüber der Arbeit anderer auf. Wir schmeißen achtlos weg, denn jederzeit gibt es für alles Ersatz. In der Rolle des Bürgers werden wir dadurch jedoch immer unzufriedener. Wir zweifeln die Meinungsfreiheit an, stellen unser demokratisches System infrage und glauben, in Wahlen unseren Protest auszudrücken, indem wir unser Kreuz an der falschen Stelle machen. Wir wünschen uns nichts sehnlicher als eine Veränderung und kommen mit den Veränderungen, die der Wandel mit sich bringt, nicht zurecht. Dies alles, weil wir glauben, nicht mehr zu haben, was wir uns wünschen: Zusammenhalt, Gemeinschaft und Solidarität. Wenn wir aber beginnen, Respekt und Wertschätzung wiederzuentdecken, werden wir erleben, wie schnell wir uns wandeln – und damit unsere gesamte Lebenswelt.

Wir sind *manomama*

Ich sitze mit einer Tasse Kaffee im Homeoffice. Die vergangenen Tage hatte ich mit einer zähen Erkältung zu kämpfen und entschied mich, vorerst noch ein wenig langsam zu machen. Gerade, während ich diese Zeilen schreibe, klingelt mein Handy. Ich nehme es zur Hand und öffne den Messenger.

»Wann kommst du?«, fragt Ehsan, mein Kollege.

»Gibt es ein Problem?«, antworte ich.

»Nein, nein. Wir vermissen dich. Es ist Montag, und du bist nicht da!«

Spontan entschließe ich, den Rechner auszuschalten, packe meine Tasche und mache mich auf den Weg in die Näherei. Ich treffe ein, während meine Ladys und Gents gerade die erste Morgenpause genießen. Ich gehe durch die Reihen, blicke in offene, zufriedene Gesichter. Einige stehen zusammen, trinken Kaffee, andere zeigen sich Inhalte auf ihren Handys. Es herrscht eine angenehme, gelöste Atmosphäre.

»Schön, dass du da bist«, sagt Gerda.

»Schön, dass ich da sein darf«, sage ich.

Sie lacht. »Du bist gut, ich könnte jetzt sagen: Ist ja deine Firma, aber das stimmt ja nicht. Das hier sind wir. Und da gehörst du genauso dazu!« Wir umarmen uns. Dann ist die Pause zu Ende, und jeder geht an seinen Platz und macht weiter, wo er vor einer Viertelstunde aufgehört hat. Ich setze mich mittenrein und sehe nur um mich, beobachte das Tun und Sein meiner Kolleginnen und Kollegen. Wir haben es geschafft: Aus einer reinen Arbeitsgruppe wurde eine eingeschworene Gemeinschaft. Wir respektieren uns, reden miteinander und sorgen füreinander. Wir helfen einander und achten aufeinander. Jeder darf sein, wie er will, und wird angenommen, wie er ist. Würde zog in unseren Raum ein. Das ist *manomama*. Das ist Heimat. Das kann überall dort sein, wo Menschen einen Raum erschaffen, der auf Respekt und Wertschätzung fußt und in dem Würde einzieht.

DANK

Ein Buch ist niemals eine Leistung eines Einzelnen. Viele, die unmittelbar und direkt daran beteiligt sind, bleiben oft im Verborgenen. Ohne sie jedoch bliebe es eine Geschichte, möglicherweise aufgeschrieben, in einer Schublade.

Darüber hinaus ist ein Buch für jeden Autor etwas sehr Persönliches, das sorgsam behandelt werden will. Das mit Menschen zwischen zwei Deckel gebracht werden möchte, denen man vertraut, die man schätzt und sich von ihnen verstanden fühlt. Dieses Buch ist mittlerweile das fünfte aus meiner Feder, und ebenso das fünfte, welches ich gemeinsam mit einem wunderbaren Menschen aus den Angeln heben durfte. Dir, lieber Stefan Ulrich Meyer, danke ich von Herzen. Für deine Geduld, dein Fordern und Fördern. Auch möchte ich dir meinen Dank aussprechen, mir für dieses Werk einen Lektor an die Seite gestellt zu haben, der nicht nachließ, mir Denkanstöße zu geben und die richtigen Fragen zu stellen. Lieber Rüdiger Dammann, danke für das sorgfältige, behutsame Beandeln des Textes – und meiner Autorenseele.

Dem ganzen dtv-Team im Satz, im Vertrieb und in der Kommunikation möchte ich danke sagen, für die schöne, offene und konstruktive Zusammenarbeit.

Zuletzt jedoch gilt mein Dank den beiden wichtigsten Männern in meinem Leben: Hendrik und Magnus. Sie sind es, die mir genügend Auszeit und Raum geben, um mich zurückzuziehen und zu schreiben. Sie begleiten die Phase stets mit Geduld, Verständnis und immer frischem Kaffee. Ich liebe euch!